육일약국 갑시다

메가스터디 김성오 부회장이 전하는 독창적 경영 노하우

육일약국 갑시다

김성오 지음

DARK horse

차례

프롤로그 섬김의 비즈니스 — 6

· chapter 1 · 고객을 영업부장으로 만들어라

- "육일약국 갑시다!" — 15
- 정성이 대단한 사람 — 22
- 혁신의 가장 큰 장애물, 고정관념 — 34
- 약사님은, 한방 공부 중 — 48
- 물건을 팔기보다, 정성을 파는 마음으로 — 55
- 분수에 맞게, 힘닿는 만큼 — 67
- "지는 약사라예, 박사 아니라예" — 73
- 가장 효율적이고 지속적인 경쟁력, 마음 경영 — 79
- 상담 십계 — 89

· chapter 2 · 고객에게 앞서 구성원부터 감동시켜라

- 장사란, 이익보다 사람을 남기는 것 — 95
- 가장 강력한 성장의 언어, 칭찬 — 101
- 직장인 마인드 vs. 자영업자 마인드 — 110
- 노력의 마일리지 — 118
- 행동이 유일한 언어가 되는 순간 — 123
- 적군도 아군으로 만드는 비법 — 134
- 우는 아이 떡 하나 더 준다 — 143

- **chapter 3** · 이윤보다 사람을 남기는 장사를 하라

- '위기의 얼굴'을 하고 나타나는 기회 — 159
- 자금의 선순환 & 직원의 선순환 — 171
- 당신의 마케팅이 효과 없는 이유 — 178
- 기본에 충실할 것 — 184
- 문제는 경쟁이 아니라 '경쟁력'이다 — 190
- 불안을 견디는 힘 — 196
- 약국 (경영)합니다 — 204
- 적절한 타이밍의 미학 — 214
- '안 되는 것'과 '안 해본 건' 다르다 — 219

- **chapter 4** · 나누고 베풀어라, 아버지의 유산

- 아버지의 생활신조 — 237
- 작은 데 충성한 자가 큰 데도 충성한다 — 245
- 복은 사람을 타고 온다 — 252
- 다음에, 언젠가, 나중에…. — 257
- 한 명의 회원으로 시작한 엠베스트 — 264

에필로그 내가 바라본 김성오 대표 — 279

프롤로그

섬김의 비즈니스

　1980년대 중반, 경상남도 마산에 위치한 '육일약국' 인근에는 공무원 임대 아파트가 자리했다. 단골손님 가운데 남편은 경남도청, 아내는 마산시청에 근무하는 30대 공무원 부부가 있었는데, 이들은 늘 어린 아들딸의 손을 잡고 약국을 찾았다. 그날도 어김없이 두 아이와 함께 약국을 방문한 부부가 말했다.
　"너희들, 이 약사님을 닮아야 한다."
　전혀 예상치 못한 말에 얼굴이 화끈거릴 만큼 당황했던 기억이 지금도 생생하다.
　그로부터 강산이 두세 번 바뀐 지금, 밤하늘의 별처럼 까만 눈동자를 반짝이던 소년은 어느새 넓은 어깨를 가진 든든한 청년이 되어 내 곁에 서 있다. 엄마 아빠의 손을 잡고 약국에 들어서던 모습이 아직도 눈에 선한데, 어느덧 사회의 든든한 일원으로 성장하여 메가스터디 엠베스트를 이끌고 있는 것이다.

이처럼 사람의 인연이란 참으로 오묘하다. 언제, 어디서, 어떤 모습으로 다시 만나게 될지 아무도 모른다. 그래서 사람은 내게 큰 자산이자, 힘이며, 원동력이다. 600만 원의 빚으로 시작한 육일약국을 13명의 약사를 둔 기업형 약국으로 키울 수 있었던 것도, 책상 두 개로 시작한 엠베스트를 지금의 자리에 올려놓을 수 있었던 것도 결국은 사람이었다.

긴 명절 연휴를 앞두고 모두가 들뜬 어느 날, 한 구성원이 달력을 들여다보며 말했다.

"사장님, 이번 설날은 일요일이라서 참 다행입니다."

휴일이 많다고 좋아할 줄 알았는데, 오히려 매출을 걱정하며 영업 일수를 계산하는 모습을 보니 절로 웃음이 나왔다. 고마운 마음을 애써 감추며 "이 회사가, 니꺼가?" 하고 농담을 던졌지만, 조직의 문제를 제 일처럼 고민해 주는 사람이 곁에 있다는 건 참으로 감사한 일이다. 혼자 모든 것을 고민하고 결정하며 해결해 나가는 그 과정이 얼마나 벅차고 고된지를 누구보다 잘 알기에 더더욱 그렇다.

가장 작은 약국에서 깨달은 가장 큰 성공 법칙

내가 사회에 첫발을 내디뎠을 때, 가진 것이라고는 대학 졸업장과 600만 원의 빚이 전부였다. 하지만 오늘보다 나은 내일이 반드시 존재한다고 믿었고, 단 하루를 살더라도 '어제와 같은 오늘을 만들지 않기 위해' 발버둥을 쳤다.

나보다 앞서나간 이들을 적극적으로 찾아다니며 '비법'을 배우고, 그들이 왜 성공할 수밖에 없었는지를 깊이 들여다보았다. 그렇게 익힌 지혜를 곱씹고 또 곱씹으며 나만의 방식으로 체화하고, 나만의 전략으로 재해석했다.

그 치열한 반복 끝에 얻은 진리는 놀랄 만큼 단순하다. 성공은 운이 아니라, 태도와 실천에서 비롯된다는 것. 적극적인 마음가짐과 지속적인 실행! 이 두 가지야말로 '꿈과 희망이라는 이상'을 '성공이라는 현실'로 치환하는 가장 빠른 길이었다.

이 책은 그 길 위에서 직접 부딪히고 넘어지고 다시 일어서며 쌓아 올린 깨달음의 총합이다. 대한민국 가장 작은 약국에서 체득한 가장 큰 성공 법칙이자, 책상이 아닌 치열한 현장에서 길러낸 살아 있는 전략이다.

온 마음을 담아 써 내려간 이 이야기가 평범한 사람, 가진 게 없는 사람, 그리고 절망의 벽을 마주한 이들에게 '다시 일어설 수 있다'라는 용기와 '할 수 있다'라는 희망을 전할 수 있다면 더 바랄 게 없다.

이러한 진심이 닿았던 것일까. 2007년 출간된 「육일약국 갑시다」는 오랜 시간 변함없는 사랑을 받았고, 덕분에 강연과 온라인 그리고 개인적인 만남을 통해 수많은 독자와 소중한 인연을 맺을 수 있었다. 그 가운데 인상 깊었던 건, '이 책을 읽고 나니, 뭐라도 다시 시작해보고 싶어졌다'라는 사람들의 반응이었다.

그런 이야기를 들을 때마다 다시금 깨닫는다. 아무리 기술이 발전하고 삶의 양식이 복잡해졌다고 해도, 결국 사람의 마음을 얻는 길은 하나라는 것. 시대와 분야를 초월하는 '보편적 성공의 원리'는 분명 존재한다는 사실을 말이다.

이번 개정판은 그 원리를 다시금 정리하는 마음으로 준비했다. 본문의 큰 틀은 유지하되, 거친 문장과 서툰 표현 그리고 시대와 어긋난 사례를 중심으로 다듬었다. 본질은 변하지 않지만, 그것을 전하는 방식은 시대의 흐름에 따라 달라져야 한다고 생각하는 까닭이다.

오랜 시간 변함없는 애정으로 이 책을 품어주신 독자 여러분께 깊이 감사드리며, 이번 개정판이 읽는 즐거움을 한층 더해드릴 수 있기를 바란다. 더불어 멈춰 선 발걸음엔 새로운 방향을 제시하고, 꺼져가던 의지엔 다시 타오르는 희망의 불꽃 하나 건넬 수 있기를 간절히 소망한다.

어릴 적부터 엄격한 신앙 훈련과 성경 말씀으로, 수백억의 재산보다 더 귀한 유산을 물려주신 부모님, 손바닥만 한 약국을 운영하면서도 기업형 약국을 경영하겠다는 꿈을 이룰 수 있도록 기꺼이 건물을 내어주신 김의용 약사님, 교육 사업에 문외한이던 나를 끝까지 믿고 이끌어준 메가스터디 성공 신화의 주역 손주은 회장, 그리고 오늘의 엠베스트를 있게 해준 김유경 본부장을 비롯한 모든 임직원 여러분과 강사 선생님들께도 이 자리를 빌려 깊이 감사드린다.

또한, 수많은 고비마다 묵묵히 나를 붙잡아준 사랑하는 아내, 원고를 함께 정리하고 다듬어준 두 딸에게도 깊은 고마움을 전한다. 덕분에 더욱 밀도 있고 단단한 내용으로 이번 개정판을 완성할 수 있었다.

마지막으로 지금까지 모든 여정 속에 기적처럼 함께하신 하나님의 축복이, 이 책을 읽는 모든 이의 삶에도 머물기를 기도하며….

결국, 해내고야 말 당신을 응원하는
김성오

chapter

1

고객을 영업부장으로 만들어라

"육일약국 갑시다!"

1980년대 중반, 택시만 타면 내 입에서는 자동으로 "기사님요, 육일약국 좀 가주이소"라는 말이 흘러나왔다.

"야? 육일약국요? 거가 어딘데예?"

택시를 탈 때마다 겪는 일이지만, 그래도 나는 '육일약국 가자'라는 말을 멈추지 않았다.

당시 약국이 자리 잡고 있던 교방동은, 시내버스에서 내린 뒤에도 가파른 고갯길을 15분 넘게 올라가야 닿을 수 있는 곳이었다. 경상남도 마산의 한 변두리, 그것도 대한민국에서 가장 작은 4.5평 규모의 이름 없는 약국. 택시 기사님들이 '거기가 어디냐?'라고 되물을 수밖에 없는 지리적·환경적 요인을 갖춘 셈이다.

지금은 아무리 외진 동네라도 마을버스가 다니지만, 당시에는 대중교통이 그리 여의치 않았다. 이에 마산 시내에서 볼일을 마친 주민들 가운데 상당수가 택시를 이용하여 집으로 돌아오곤 했다. 그런데 택시를 타도 불편하기는 마찬가지였다. 극장이나 체육관처럼 눈에 띄는 랜드마크가 없다 보니, 목적지를 설명하기가 쉽지 않았다. 결국 택시에 오른 사람들은 기사님에게 '100미터 앞, 좌회전', '50미터 앞, 우회전'을 일러주는 내비게이션이 될 수밖에 없었다.

여느 날과 마찬가지로 시내에서 볼일을 본 후, 약국으로 돌아가기 위해 택시에 몸을 실었다. 기사님에게 위치를 설명하며 교방동으로 향하던 길, 문득 이런 생각이 들었다. '그래, 어차피 존재하지 않는 택시 포인트인데, 우리 약국을 랜드마크로 만들어보면 어떨까?' 볼품없는 작은 약국이지만 뭐 어떠랴, 사람들이 알기 쉽고 택시 기사님들이 편하면 그만인 것을.

며칠 뒤, 다시 택시를 이용할 일이 생겼다. "육일약국 갑시다"라는 말을 수없이 되뇌며 뒷좌석에 앉았지만, 어떻게 된 일인지 입이 쉽게 떨어지지 않았다. 마치 100미터 달리기 출발점에 선 사람처럼 심장은 두근거렸고, 어쩌면 이제 막 결승선을 통과한 선수처럼 얼굴이 벌겋게 달아오르기도 했다. 자세히 살펴보지 않으면 눈에 띄지도 않는 4.5평의 영세한 약국, 다른 사람도 아닌 그곳의 주인인 내가 '육일약국으로 가자'라고 말하는 게, 왠지 낯간지럽고 쑥스럽게 느꼈다.

깊은 한숨으로 요동치는 마음을 진정시키며, 마침내 입을 열었다.

"기사님요, 교방동에 있는 육일약국으로 좀 가주이소."

"육일약국요? 거가 어딘데예?"

역시나, 기사님은 약국의 존재를 모르고 계셨다. 그날 이후 택시를 탈 때마다 '육일약국'을 외친 후, 기사님이 고개를 갸웃하면 위치를 설명했다. 뭐든 처음이 어려운 법이라더니, 한 번 말문이 트이자 그다음부터는 훨씬 수월해졌다.

문제는 혼자만의 노력으로 될 일이 아니라는 데 있었다. 이에 가족은 물론 지인들에게도 도움을 청했다. 전역 후 '얼굴 한번 보자'라며 찾아오는 전우에게도 택시를 타면 "육일약국 갑시다"라고 말한 뒤, 위치를 설명하는 방법을 일러주었다. 공적이든 사적이든 택시를 타고 매장을 방문하는 모든 이에게 "육일약국 갑시다"라는 한마디를 당부한 셈이다.

당시 나는 커다란 문을 앞에 두고 서 있는 기분이었다. 그 문은 너무나 견고하고 두터워서 아무리 두드려도 쉽게 열릴 것 같지 않았다. 하지만 정성을 들이면 바위에도 꽃이 핀다고, 언젠간 이 노력이 통할 것이라는 믿음 하나로 버텼다.

그렇게 1년 하고도 6개월이 지났다. 택시를 이용할 때마다 기사님들의 반응을 살피며 중간 점검에 들어갔다. 최선을 다했어도 노력한 만큼의 결과가 나오지 않으면, 과감하게 접을 줄 아는 용기도 필요하다. 성공에 대한 열망은 클수록 좋지만, 실패에 대한 미련은 짧을수록 바람직하기 때문이다.

그런데 이게 웬일인가. 마산의 택시 기사님 가운데 절반가량이 약국의 존재를 알고 있었다. 택시를 탄 동네 주민들의 입에서도 '육일약국 가자'라는 말이 제법 흘러나왔다. 적어도 그동안의 노력이 헛되지 않았음을 실감할 수 있었다.

그렇게 3년 정도 지났을까? 창원에서 볼일을 마친 후 택시를 탔다.
"기사님, 육일약국으로 가주이소."
택시만 타면 나도 모르게 습관처럼 나오는 말이다. 하지만 마산도 아닌 창원에서 약국을 찾다니… 아차! 싶었다. 부연 설명을 곁들이려는 순간, 기사님이 액셀을 밟으며 한마디 덧붙였다.
"마산, 창원에서 택시 기사 한 달 하고, 육일약국 모르면 간첩이라 안 합니꺼."
물론, 그는 내가 약국의 주인이라는 사실을 알 리 없다.
"근데예… 그 쪼맨한 약국이, 와 그리 유명한지를 모르겠습니더. 약이 싼가? 조제를 잘하나? 암튼 유명하기는 엄청 유명하데예."
가슴이 두근거리고 미소가 절로 지어졌다. 그동안의 노력이 마침내 인정받는 듯한 벅찬 감동이 밀려들었다.

그도 그럴 것이, 이 일은 누가 시켜서 시작한 게 아니다. 큰돈을 들이거나 거창한 계획을 세우지도 않았다. 그저 아무도 알아주지 않는 길을, 끈기 하나로 묵묵히 걸어온 결과 기적과도 같은 결실을 얻은 것이다. 아무리 좋은 아이디어도 생각에 머물면 공상일 뿐이지만, 몸을 움직이면 행동이 되고 결국 현실이 된다.

상황이 이렇다 보니, 주객이 전도되어 택시 기사님이 동네 사람들을 교육하는 일까지 벌어졌다.

"기사님요. 교방동 좀 가주이소."

"교방동, 어데예?"

"교방동 주공아파트 있는데…."

"아! 육일약국 가자케야, 알아듣지. 다른 데 말하믄 헷갈린다 아임니꺼. 다음부터 택시 타믄, 육일약국 가자 하이소."

약국은 그렇게, 기사님들의 입을 통해 유명세를 치르게 되었다.

마산에서 가장 유명한 약국

택시를 타고 가던 어느 날의 일이다. 마침 시외버스 터미널 앞을 지나게 되었는데, 잠시 정차한 틈을 타 아주머니 한 분이 운전석 쪽으로 다가왔다. 기사님은 마치 기다리고 있었다는 듯, 망설임 없이 창문을 내린 후 그녀와 반갑게 인사를 주고받았다.

그러더니 곧바로 주머니에서 5,000원짜리 지폐 한 장을 꺼내 그녀에게 건넸다. 지폐를 확인한 그녀는 익숙한 손놀림으로 잔돈을 내

주었고, 이를 받아든 기사님은 별일 아니라는 듯 다시 핸들을 잡고 천천히 택시를 출발시켰다.

　호기심 어린 시선을 눈치챘는지, 기사님이 먼저 입을 열었다. 은행에 가기 번거로운 자신들을 대신해 동전을 바꿔 주는 사람이라는 이야기였다. 그러고는 '5,000원을 내면 200원의 수수료를 떼고, 4,800원을 돌려받는다'라는 말을 무심하게 덧붙였다.

　약국으로 돌아온 나는, 잡동사니로 가득했던 서랍 하나를 비우고 그 자리를 동전으로 채워 넣었다. 그리고 약국을 찾는 기사님들께 '혹시, 동전이 필요하면 얼마든지 바꿔 가시라'고 말씀드렸다. 물론 수수료는 받지 않았다. 하루에도 몇 번씩 교방동으로 들어오는 기사님들을 보면서, '동전을 교환해드리면 그분들이 조금이라도 편하지 않을까?' 생각한 것이다.

　동전을 교환하려 약국으로 들어온 기사님들은 바로 나가지 않고, 매장에 앉아 승객을 기다렸다. 그런 기사님들에게 더운 날엔 시원한 드링크제를, 추운 날엔 따뜻한 쌍화차를 건네며 인사를 나누다 보니, 어느새 얼굴만 봐도 반가운 사이가 되어 있었다.

　그런데 장시간 운전과 누적된 피로로 인해 크고 작은 질환에 시달리는 기사님이 적지 않았다. 승객을 기다리며 나누던 잡담은 어느새 건강 상담으로 이어졌고, 어느덧 기사님들은 자신에게 필요한 영양제나 약품을 챙겨 약국을 나서기 시작했다.

약국 앞에서 택시를 기다리던 손님들 또한 참새가 방앗간 들르듯 그냥 지나치지 못했다. 기다림의 무료함을 달래기 위해 약국으로 모여든 사람들은 지치지 않는 이야기로 웃음꽃을 피웠고, 택시가 도착하면 하다못해 소화제나 반창고 하나라도 손에 쥐고 매장을 나섰다. 이래저래 매출이 오를 수밖에 없는 구조가 만들어진 것이다.

만약 내가 머릿속에서만 맴돌던 "육일약국 갑시다"라는 말을 용기 내어 입 밖으로 꺼내지 못했다면, 결코 얻을 수 없는 결과다. 가시적인 성과가 없다고 해서 6개월 또는 1년 정도 시도하다 포기했다면, 육일약국이 교방동의 랜드마크가 되는 기적은 일어나지 않았을 것이다. 그저 '남에게 피해를 주거나, 돈이 드는 일도 아닌데 못 할 이유가 없다'라며 끊임없이 나 자신을 다독인 결과… 대한민국에서 가장 작은 육일약국은, 어느덧 마산에서 가장 유명한 약국으로 자리 잡게 되었다.

정성이 대단한 사람

'육일약국'이라는 이름 속에는 '일주일에 6일만 영업한다'라는 의미가 담겨 있다. 요즘은 동네 약국들도 당번을 정해 격주로 쉬지만, 당시만 해도 대부분은 주 7일, 1년 365일 문을 열었다. 이런 분위기 속에서 주 6일만 영업하겠다며 이름까지 '육일약국'으로 지었으니 주변의 걱정은 이만저만이 아니었다. 모두가 영업하는 일요일에 혼자 문을 닫는다는 건, 곧 단골을 잃을 위험을 감수하겠다는 의미이기 때문이다. 이유야 어찌 되었든 빚으로 시작한 약국 아니던가.

'젊은 놈이 쉴 거 다 쉬고, 놀 거 다 놀면서 언제 돈을 벌겠냐'라는 소리도 적지 않게 들었다. 하지만 주 6일 동안 손님에게 충성을 다할 자신이 있었기에, 주일 하루만큼은 직업인의 삶을 내려놓고 신앙

인으로 사는 게 손해라고 생각되지 않았다. 아니, 설령 금전적인 손실이 발생하더라도 일요일에는 반드시 교회를 가야만 한다.

하지만 사적인 이유로 손님에게 불편을 끼치는 게 마음에 걸렸다. '일요일에 헛걸음하는 사람이 없도록 만들려면 어떻게 해야 할까? 차라리 애초부터 주 6일 영업하는 약국임을 명확히 알리는 게, 고객에 대한 최소한의 예의가 아닐까?' 이런 고민 끝에 '육일약국'이란 이름을 지은 것이다.

그런데 이상하게도, 월요일 아침만 되면 평소보다 이른 시간부터 손님이 몰려들기 시작했다. 어림잡아도 대략 평일 두 배에 달하는 인원이었다.

"역시, 구관이 명관이데이. 여기만 오믄 와이리 편안한지 모르것다."

손님들은 마치 오랜 친구 집을 방문하는 사람처럼, 환한 얼굴로 약국 문을 열고 들어왔다. 소화제를 하나 사더라도 이곳에서는 VIP 대접을 받는데, 다른 곳을 가면 뜨내기 취급을 한다는 것이다. 이런 경험이 반복되자, 손님들이 하나둘 지인을 데려오기 시작했다. 믿을 만한 사람이 약을 지어주니 효과도 빠르고, 같은 돈을 쓰더라도 대접을 받는다는 이유에서다.

비록 다른 곳보다 영업일은 하루 적었지만 정직과 따뜻한 응대로 더 많은 고객의 신뢰를 얻은 셈이다. 그리고 이는 경쟁 업체들에 뒤지지 않는 손님 수와 매출로 이어졌다.

내게 지금 필요한 경쟁력은?

당시 대한민국은 새마을운동의 영향으로, 시골 농로까지 아스팔트가 깔릴 만큼 빠르게 변화하고 있었다. 하지만 워낙 외진 곳에 자리 잡은 약국 앞 도로는 여전히 비포장 상태였고, 비라도 내리는 날이면 어김없이 흙탕물과 한바탕 전쟁을 벌일 각오를 해야 했다. 그렇게 온몸에 빗물을 뒤집어쓴 채, 진흙탕과 씨름하는 모습을 본 사람들이 물었다.

"서울대까지 나와서 이런 거나 할 거믄, 뭐 할라꼬 거길 갔으요?"

나름 최고 학부를 나왔다는 젊은 남자가, 구멍가게보다 작은 공간에서 아등바등하는 모습이 꽤 한심하게 비쳤던 모양이다.

애써 웃음으로 넘기려 했지만 주변 사람들의 무심한 한 마디 한 마디는 비수처럼 날아와 꽂혔다. 비아냥거림을 자초할 필요 없다는 생각에, 서울대의 '서'자도 꺼내지 않는 날들이 이어졌다.

그도 그럴 것이, 80명의 대학 동기 중 지방에서 개업한 사람은 나 하나뿐이었다. 상황이 이렇다 보니, 부모님의 도움으로 번듯한 약국을 차린 친구들, 목 좋은 자리에서 개업과 동시에 높은 매출을 올리는 동기들을 보면 내심 부러움이 일기도 했다.

하지만 부모님이나 내 처지를 원망하지는 않았다. 대신 어려운 형편 덕에 동기들보다 일찍 사회에 발을 들인 만큼, 그들이 경험하지 못한 것을 하나라도 더 쌓아 두려 노력했다. 최선을 다하다 보면 언젠가 그들과 어깨를 나란히 할 수 있으리라는 작지만 단단한 희망으로 하루하루를 버텨냈다.

그러나 현실은 냉혹했다. 하루 평균 약국을 찾는 사람은 고작 20~30명 남짓, 손님이 없어도 너무 없었다. 먼 길 떠난 님이 돌아오기만을 바라는 심정으로, 계산대에 앉아 애꿎은 문만 노려보는 날들이 이어졌다.

그런데 그렇게 기다리던 손님이 막상 문을 열고 들어오면, 반가움보다 두려움이 먼저 밀려들었다. 허리를 90도로 숙이며 인사는 하고 있지만, 두 근 반 세 근 반 콩닥거리는 심장은 좀처럼 진정되지 않았다. 손님 앞에만 서면 한없이 작아지는 걸 느끼며, 마음속으로 기도 아닌 기도를 하는 일이 허다했다.

'제발, 필요한 약만 사서 가시지… 나한테 아무것도 묻지 말고, 약만 사서 가시면 좋겠는데.'

하지만 유행가 가사처럼 슬픈 예감은 늘 틀리질 않는다. 끝내 외면하고 싶었던 현실과 정면으로 마주하게 된 것이다.

"약사님요, 속이 뭔가 맨날 꾸룩꾸룩거리고, 밥만 먹고 나믄 왼쪽 갈비뼈 밑이 찌릿한 게… 간이 좀 틀어진기라 카더라꼬요. 근데 간 수치만 정상이믄 괜찮다 카든데, 와 이리 아픈깁니꺼?"

"…."

책 속의 지식이라면 무서울 게 없다. 대학 시절 누구보다 열심히 공부했고, 개업 후에도 다양한 정보를 꾸준히 쌓아왔다. 하지만 손님들은 결코 책에 등장하는 '간염의 주요 감염 경로는 무엇인가?' 등의 질문 따위는 하지 않았다.

그들은 철저히 자신의 경험과 관점에서 출발한 의문을 주관적으로 재해석한 것도 모자라, 오롯이 본인이 체득한 언어로 쏟아냈다. 공부를 그렇게 열심히 했는데, 정작 학교에서는 이런 상황에 어떻게 대처해야 하는지 배운 적이 없다.

"아, 속이 안 좋습니꺼? 은제부터 그라는데예?"

제대로 된 대답을 할 수 없었던 나는, 되레 역으로 질문을 던져 고객의 관심을 다른 데로 돌리기에 바빴다. 그렇게 대화를 이어가다 보면 손님 스스로 자기 질문을 잊어버리는 경우도 많았기 때문이다. 문제는 사회 초년병이고, 약국 경영도 처음이라는 데 있었다. 한마디로 경쟁력이 없었던 것이다.

지금 내게 필요한 건 번듯한 약국도, 약장을 가득 채운 약품도, 그럴듯한 마케팅도 아니었다. 객관적인 경쟁력이 없다면 주관적인 경쟁력이라도 만들어야 했다. 크든 작든 대체될 수 없는 나만의 무언가를 갖춰야만 한다.

'자본, 경험, 실력 모든 것이 부족한 내가 과연 고객에게 줄 수 있는 건 무엇일까?' 깊은 고민 끝에 내린 결론은 단순했다.

"그래, 하루 한 명일지라도 최선을 다하자. 지금 내가 할 수 있는 일은 그것뿐이다."

같은 질병을 10년 이상 앓아온 사람들은 반의사나 다름없다. 오랜 투병 생활을 거치며, 용하다는 병원과 좋다는 민간요법은 다 경험해 본 이들이다. 관련 질환에 '특화되었다'라고 표현해도 무방할 만큼 해박한 경우가 많아서, 오히려 내가 그들을 통해 다양한 임상 정보를 얻을 때도 있었다.

그런 이들이 찾아와 '눈물 없이 들을 수 없는 10년간의 투병 스토리'를 털어 놓으면, 나는 그저 조용히, 끝까지 들어주는 것 외엔 아무것도 할 수 없었다. 그런데 그들은 자기 이야기에 공감을 표하는 작은 끄덕임과 박카스 한 병 크기의 소박한 관심에도 무척 기뻐했다. 어떤 사람은 단지 상담만으로 병이 나은 듯하다며 발걸음 가볍게 돌아가기도 했다.

다른 곳에서는 약사와 장시간 대화를 나누는 것 자체가 어려웠고, 행여 하소연이라도 하려 들면 귀찮아하거나 짜증 섞인 반응을 보이기도 한다. 그래서 '시간을 내주는 태도' 그 자체에 고마움을 느끼는 이들이 많았다. 그저 말없이 들어주는 것만으로도 큰 위로가 된다는 사실을, 그때 처음 실감했던 듯하다.

기적을 낳는 기술

혹시 '약은 약사에게, 진료는 의사에게'라는 문구를 들어본 적 있는가? 의약분업이 시행되기 전, 그러니까 약사의 임의 조제가 가능하던 시절에는 각 약국마다 개인의 신상 정보, 질병 내역 그리고 투약 리스트 등이 기록된 '조제 차트'라는 게 존재했다. 그래서 손님이 약국에 들어서면 약사는 일단 이름을 물어본 후 곧장 그에 해당하는 차트를 꺼내 들었다. 그리고 과거 어떤 증상으로 찾아왔는지, 무슨 약을 먹었는지 차트에 적힌 기록을 살펴보며 상담을 이어가는 게 일상적인 풍경이었다.

그러던 어느 날 문득 이런 생각이 들었다. '약국을 찾는 모든 고객의 이름을 외워보는 건 어떨까?' 화려한 인테리어도, 값비싼 서비스도 제공할 수 없던 내가 내세울 수 있는 건 오직 정성과 진심뿐이라는 생각에서 비롯된 행동이다.

그날 이후 상담을 마치고 조제실로 들어서면, 매장에 있는 고객의 얼굴을 바라보며 이름을 외우기 시작했다. 마치 벼락치기 하는 수험생처럼 정말 열심히도 외웠다. 손님이 돌아간 후에는 40~50번씩 소리 내어 이름을 불러보고, 발음이나 암기가 어려운 경우에는 영어 단어를 외우듯 온종일 그 이름을 입에 달고 살았다.

그리고 시간이 흘러 손님이 다시 찾아오면, 그의 이름이 적힌 조제 차트를 먼저 꺼내 들고 기다렸다는 듯 인사를 건넸다.

"김영희 씨, 그래… 지난번 편도선 부은 거는 좀 어떻습니꺼?"

그럴 때마다 상대방은 깜짝 놀란 표정으로 나를 바라봤다.

"이야~ 약사님, 천재 아이가? 몇 개월 만에 왔는데, 내 이름을 어찌 기억하는교?"

한 달 동안 대여섯 번 방문해도 매번 이름을 물어보는 약국이 태반인데 그런 곳과 비교된다며 신기해하기도 했다.

나는 애초 재능을 타고난 천재와는 거리가 멀다. 차트에 적힌 수백 명의 이름을 외우기 위해 밤낮없이 노력하는 모습을 지켜봤다면, 그들은 아마 나를 '천재'가 아니라 '정성이 갸륵한 사람'이라고 표현했을지도 모른다. 이런 간절함이 통했는지 손님들은 어느덧 나를 성심을 다하는 사람으로 생각해 주었고, 그들의 이름을 불러 준 그날부터 단골이 되기 시작했다.

아마 처음부터 장사가 잘되었다면 '손님이 귀하다'라는 말의 진짜 의미를 깨닫지 못했을 것이다. 하지만 너무도 간절히 고객을 기다렸기에 손님 한 사람 한 사람이 얼마나 소중한 존재인지 그 누구보다 절실히 느낄 수 있었다.

온라인이든 오프라인이든, 사업을 시작하면 처음 찾아오는 손님이 있기 마련이다. 이 한 사람을 귀하게 여기고 진심과 정성을 다하면 한 명이 두 명이 되고, 두 명이 네 명이 되는 날이 반드시 온다.

이 단순한 진리가 바로 기적을 낳는 기술이며, 지금도 나의 가장 중요한 생존 전략이다.

"지를 따라오이소"

지금에야 스마트폰과 내비게이션만 있으면 못 찾을 곳이 없지만, 당시엔 주소가 적힌 쪽지 한 장에 의지해 길을 찾는 일이 다반사였다. 휴대 전화는커녕 가정용 전화도 귀한 시절이라 결국 발품을 팔며 사람들에게 행선지를 물을 수밖에 없었다. 그래서 하루에도 몇 번씩 약국 문을 열고 '길 좀 묻겠다'라는 이들이 등장하곤 했다.

손님들의 이름을 외우다 보면, 자연스레 동네 대소사에도 관심이 많아진다. 그 집에 숟가락이 몇 개인지는 몰라도, 어느 집 단칸방에 누가 세 들어 사는지 정도는 알게 되는 법이다. 이렇게 쌓인 데이터베이스는 길 안내를 할 때 꽤 유용하게 사용된다.

일례로, 타지에서 오신 할아버지가 주소가 적힌 쪽지와 함께 순이네 집을 찾으면 손녀의 초등학교 입학식을 보러 오셨겠거니 짐작하고, 젊은 청년이 철수네를 찾으면 군대에서 휴가 나온 철수를 만나러 왔음을 눈치채는 식이다.

낯선 동네에서 다소 긴장했던 사람들은 "순이 입학식 보러 오셨는교?"라는 한 마디에 바로 무장해제 되었다. 안도감이 든 한숨과 함께 "우리 순이를 아세요?"라고 되물으며, 빈 약국 의자에 털썩 앉기도 했다. 그럴 때면 나는 순이네 집 근황과 더불어, 차근차근 목적지까지 가는 길을 설명해 드렸다. 그럼에도 길을 헷갈리거나 행선지를 찾지 못할 때는, 조제 차트에서 당사자의 연락처를 확인한 후 해당 집으로 전화를 걸었다. 지방에서 오신 할아버지가 약국에 와 계시니 모셔가라고 말이다.

문제는 가정용 전화가 없는 집이거나, 전화를 걸어도 부재중인 경우다. 그럴 땐 달리 방법이 없다. 직접 길을 안내하는 수밖에. 상담 중만 아니면 언제든 자리에서 일어나 약사 가운을 벗고, 낯선이의 무거운 짐을 나눠 들 채비를 했다.

"청송 아파트요? 지 따라오이소."

"그냥 길만 가르쳐 주시믄 될 낀데…."

"그 골목이 생각보다 복잡해서 찾기 힘들다 안합니꺼. 괜찮습니더. 지를 따라오이소."

아무리 먼 곳이라도 개의치 않았다. 비나 눈이 올 때도 마찬가지다. 사람들은 생각지 못한 안내에 부담스러워하면서도, 낯선 곳에서 친절한 사람을 만났다는 안도감에 금세 마음을 열었다.

목적지로 향하는 길, 그 집 아이의 성적 이야기부터 가족의 건강, 결혼, 환갑 등 대소사를 이야기하다 보면 500미터가 금방 지나갔다. 어느덧 목적지에 도착한 이들은 연신 '고맙다'라는 인사를 건넸지만, 실은 내가 더 감사했다.

'내 집에 오는 사람에게는 기쁨을', 남들이 개똥철학이라 비웃을지 몰라도 내겐 그것이 곧 경영 철학이었다. 약을 사러 온 손님은 아니었지만, 그 많은 가게 가운데 굳이 우리 약국 문을 '선택'해서 열고 들어온 소중한 사람들이다. 정성을 다하지 않을 이유가 무엇인가.

가정용 전화기는커녕 길거리 공중전화도 흔치 않은 시절, 약국에 설치된 전화기를 빌려 쓰려는 사람들의 발길이 끊이지 않았다. 동네 사람이든 행인이든 불쑥 문을 열고 들어와 '전화 좀 사용할 수 있느냐'라고 물으면 주저 없이 수화기를 내어주었다. 통화에 불편함이 없도록, 조제실 안쪽에 있는 전화 코드선을 아예 5미터 가까이 빼놓기도 했다.

그런데 가끔, 약국에 들어와서 한참을 머뭇거리는 사람들이 있다. 미안한 마음에 전화기의 '전'자도 입 밖으로 꺼내지 못하는 이들이다. 그럴 때면 눈치껏 먼저 전화기를 건네주었다. 눈에 보이지 않는 친절과 정성을 전달하기 위해 그렇게 애를 쓰는데, 그깟 전화기 내놓는 건 일도 아니다.

물론 전화기를 사용한 모든 이가 고마움을 표하지는 않는다. 상담 중임에도 옆에서 고래고래 소리를 지르며 싸우는 사람, 마치 자기 집 안방처럼 자리 잡고 앉아 다짜고짜 전화기를 달라고 하는 사람, 부서져라 수화기를 내려놓는 사람들도 있다. 그런 모습에 가끔은 눈살이 찌푸려지기도 했지만, '얼마나 속이 시끄러우면 저럴까?' 싶어 안타까운 마음도 들었다. 약국이 떠나갈 듯 수화기를 붙잡고 큰 목소리로 다투던 사람도, 통화가 끝난 후에는 전화 사용료로 50원이나 100원을 내놓는 경우가 많았기 때문이다.

사용료를 받을 생각이 있었다면 애초 전화기에 '통화료 50원'이라는 문구를 써 붙여놓았을 것이다. 이에 나는 "낯간지럽게 와 그라노?" 한마디를 건네고는, 그 동전을 다시 상대의 손에 꼭 쥐여 주었다. 그런데 예상치 못한 일이 벌어졌다.

"며칠 전에 부산에서 아주버님이 왔는데예, 약사님이 만사 제쳐두고 우리 집까지 모셔다 줬다 카데예? 우야노, 댁에 가믄서도 계속 고마브라… 고마브라… 하셨어예. 욕 봤심더. 감사 인사도 드리고 약도 좀 지을라꼬… 겸사겸사 이래 안 왔는교."

약국에서 전화를 빌려 쓰거나, 길을 안내받았던 사람들은 그렇게 고마움을 잊지 않고 나름의 방식으로 되갚고 있었다. 그리고 이런 인연으로 맺어진 이들은 온 가족이 단골이 되곤 했다.

작은 친절은 생각보다 긴 여운을 남긴다. 지금 당장은 고맙다는 인사 한마디 없이 돌아설지라도, 그 마음속엔 분명 작고 조용한 울림이 남아 있다. 그래서 기대 없이 건넨 배려, 계산 없는 손길 하나가 훗날 '기회'라는 이름으로 되돌아오는 경우가 많다. 결국 사람의 마음을 얻는 일은, 이처럼 아무도 주목하지 않는 사소한 순간에서 시작된다.

혁신의 가장 큰 장애물, 고정관념

어릴 때부터 호기심이 많은 편이었다. 천성인지 습관인지 모르겠지만, 예순이 훌쩍 넘은 지금까지도 새로운 것을 마주할 때면 "왜 이런 현상이 일어날까?" 하고 스스로에게 묻곤 한다. 이런 호기심은 사업 때문에 비행기를 자주 타던 시절에도 여전했다.

공항을 자주 오가던 시기, 평소 무심코 바라봤던 풍경들이 하나둘 눈에 들어오기 시작했다. 그중 하나가 바로 비행기의 이착륙 방향이다. 분명 같은 공항에서 같은 목적지로 향하는데 비행기의 이착륙 방향이 매번 다르다는 사실을 그제야 깨달았다.

이륙을 기다리며 좌석에 앉아 그 이유를 곰곰이 생각해 보았다. 그리고 비행기의 방향이 풍향, 즉 바람과 관련이 있을지도 모른다는 결론을 내렸다. 하다못해 연이나 종이비행기를 날릴 때도 바람의 방향을 보지 않던가.

얼마 뒤, 우연한 계기로 비행기의 이착륙 방향이 풍향과 긴밀히 맞닿아 있음을 알게 되었다. 어렴풋한 추측이 맞았던 셈이다.

호기심이 많은 사람은 무엇을 보든 그 안에 숨은 원리를 상상하고 질문한다. 의구심이 생기면 그것이 해결될 때까지 파고들어 마침내 자신만의 해답을 찾아낸다. 그런 몰입과 집요함은 평범함을 비범함으로 만드는 발판이자, 탁월함을 향한 출발점이 된다.

손님이 모두 빠져나간 어느 저녁, 건너편 도로에 서서 불이 켜진 약국을 바라보았다. 짙은 어둠이 내리자, 손님 하나 없는 약국은 왠지 더 초라해 보였다.

'이래가꼬 사람들 눈에 띄기나 하것나?'

괜한 의구심에 몇 걸음 뒤로 물러나 다시 약국을 바라보았다. 그리 멀어진 것도 아닌데 어둠에 묻힌 약국의 윤곽이 이내 흐려졌다. 몇 미터 더 뒤로 물러서자, 약국은 물론 그 주변의 풍경마저 시야에서 사라져버렸다. 가뜩이나 작은 공간이다. 밤낮을 가리지 않고 눈에 띄어야 그나마 사람들이 존재를 인식할 것 아닌가.

고객의 시선을 사로잡지 못하면, 수년간 그 자리에 있어도 '여기에 약국이 있는지 몰랐다'라는 이야기를 듣게 된다. 시선 밖의 존재는 결국 기억 속에서도 사라지는 법이다.

그렇다고 평수를 늘릴 형편도 되지 않는다. 남은 방법은 하나, 아무리 어두워도 단번에 눈에 띌 만큼 밝게 만들어야 한다. 그냥 밝은 것만으로는 안 된다. 최대한 환하게, 눈이 부실 정도로 강렬하게 빛나야 한다. 사실 당시 약국은 40와트짜리 형광등 여섯 개면 충분했다. 하지만 그 정도로는 내가 기대한 빛의 밀도에 도달할 수 없는 게 문제였다. 오랜 고심 끝에 스물다섯 개의 형광등을 주문한 후 설치일을 손꼽아 기다렸다.

드디어 당일, 뒤늦게 매장 평수를 확인한 설치 기사님이 고개를 가로저으며 물었다.

"약사님요, 이 콧구멍만 한 약국에 뭐 볼 게 있다고 이리 많은 전등을 설치 하는교? 이 쬐깐한 천장에 다 들어갈 수나 있을지 모르겠습니더. 전기세가 억수로 나올 긴데예."

기사님의 우려는 괜한 게 아니었다. 실제 스물다섯 개의 형광등은 기사님의 손끝을 따라 마치 퍼즐을 맞추듯, 천장 속으로 하나하나 '우겨져' 들어갔다.

그날 저녁, 약국은 어제와 전혀 다른 공간으로 다시 태어났다. 밤이 깊어질수록 작지만 또렷한 불빛이 마치 어둠 속을 떠다니는 작은 별처럼 반짝이기 시작했다. 건물에서 조금만 멀어져도 보이지 않던 매장이, 어느새 주변은 물론 거리 전체를 환하게 밝혀내고 있었다.

이윽고 밤거리를 지나가던 행인들의 시선이 자연스레 약국으로 향했다. 구석구석 빼곡하게 정돈된 약을 찾는 일도 훨씬 수월해졌다. 무엇보다 손님들의 반응이 폭발적이었다.

"와~ 쥑이네예. 덕분에 동네가 환해졌다 안합니꺼."

"약사님요. 약국이 디비지게 환한 걸 보니, 왠지 제 병도 퍼뜩 낫게 해줄 것 같습니더."

한 달 후, 기사님의 우려대로 20만 원의 전기요금이 추가되었다. 그런데 걱정은커녕 미소가 절로 지어졌다. 불과 몇 주 만에 매출은 100만 원 가까이 상승했기 때문이다.

결국 어둠을 걷어낸 건 스물다섯 개의 형광등이 아니라 고객들의 눈에 띄고 싶다는 절실한 바람이었고, 그 바람을 현실로 만든 건 '지금이 아니면 안 된다'라는 절박함이었다. '다음'이 아닌 '지금'이라는 작고 단순한 선택 하나가, 평범했던 약국을 가능성이라는 이름의 무대 위로 올린 것이다.

요즘은 네온사인이 밤거리를 수놓는 모습이 낯설지 않지만, 그 시절은 사뭇 달랐다. 사람들의 발길이 끊긴 늦은 밤, 불을 켜두는 건 낭비로 여겨졌기에 영업이 끝나면 간판도 조용히 불을 내린 채 밤의 적막 속으로 스며들었다.

하지만 이미 조명의 효과를 톡톡히 체감한 터, 약국의 존재를 확실히 각인시키기 위해, 이번에는 간판의 네온사인을 밤새 켜두기로 했다. 새벽 내내 불이 들어와 있는 간판을 보며 '전기세가 아깝다' '개미 새끼 한 마리 지나가지 않는 오밤중에 뭐 하러 불을 밝히느냐'라고 말하는 이들도 있었지만 내 생각은 달랐다. 단 한 명이라도 불 켜진 간판을 보고 약국의 존재를 인식한다면, 그걸로 충분하다.

그렇게 4~5년이 지난 후, 일부 은행들도 밤새 간판의 불을 밝히기 시작했다. 늦은 밤, 환하게 켜진 은행 간판을 볼 때마다 남보다 한발 앞서나갔다는 자부심이 조용히 밀려왔다. 비록 아무도 알아주는 사람은 없었지만 말이다.

흐르는 물처럼, 늘 새롭게

처음 약국을 시작할 때부터 나만의 의식처럼 반복해온 일이 하나 있다. 그것은 바로 손님을 끌어들이는 요소와 반대로 고객을 내쫓는 요소들을 꼼꼼히 정리해 보는 것이다. 이 과정을 통해 좋은 요소들은 곧바로 실천하며 꾸준히 유지했고, 부정적인 요소들은 서둘러 제거하려고 노력했다. 그리고 6개월 이상 같은 시스템을 이용해 본 적이 없다. 매우 작은 것이라도, 아주 소소한 일이라도 조금씩 고치고 다듬으며 끊임없이 손보는 과정을 거쳤다. 유리문 설치도 그런 변화의 몸부림 가운데 하나였다.

약국의 규모가 워낙 작다 보니, 내가 봐도 답답한 순간이 많았다.

'공간을 조금이라도 넓어 보이게 할 방법은 없을까?' 고민하던 끝에, 한쪽 벽을 터서 유리문을 설치했다. 시야가 트여서일까. 확실히 이전보다 시원한 느낌이 들었다. 하지만 효과는 그리 오래가지 않았다. 오히려 공간의 한계를 더욱 또렷이 느끼게 할 뿐이다.

그럼에도 '약국이 넓어 보였으면 좋겠다'라는 바람을 쉽게 내려놓지 못한 나는, 결국 남은 한쪽 벽에도 유리문을 설치하기에 이른다. 사실 그 문은 아무짝에도 쓸모가 없었다. 공간이 너무 협소해 여닫는 것조차 불가했기 때문이다. 그저 무언가 계속 변화를 줘야 한다는 마음에 공사를 감행한 것이다.

유리문이라는 눈속임으로 공간을 확장해 보려 했지만 모두 실패, 결국 물리적 확장이 답이라는 결론에 도달했다. 마침 약국에서 숙식을 해결하고 있던 터, 생활 공간의 일부를 줄여 실내를 넓히기로 마음먹었다. 이를 위해 보일러 공사를 새로 하고, 사용하던 방을 절반으로 줄인 뒤 남은 면적을 약국과 통합했다. 크게 달라진 건 없었지만, 단 몇 발짝이라도 더 걸을 수 있는 공간이 생겼다는 사실만으로 마음은 한결 가벼워졌다.

처절하리만큼 치열했던 분투 덕분이었을까. 몇 년 후 4.5평으로는 도저히 손님을 감당할 수 없는 지경에 이르렀다. 결국 건물주와 협의 끝에 3층 건물 중 1층은 약국으로, 2층은 주거 공간으로 재배치했다. 그렇게 10년 사이, 약국의 규모는 세 배 이상 확장되었다.

공사를 감행할 때마다 사람들은 말했다. "유리문이 꼭 필요한 것도 아닌데, 도대체 뭐할라꼬 그렇게 없는 돈을 씁니꺼?" "보일러 공사 해봐야 몇 평 늘지도 않고, 잠자리만 쪼맨해질 낀데 그냥 두는 게 어떻겠는교?". 그들의 말처럼, 몇 차례에 걸친 공사로 확보한 공간은 생각보다 크지 않다. 하지만 나는 지금, 이 순간에도 현 상태에 안주하기보다는 끊임없이 새롭게 변화하기를 소망한다. 사소한 변화일지라도 반복을 거듭하다 보면 전혀 예상치 못한 가능성이 열리기 때문이다.

무엇보다 없는 사람일수록 '살기 위한 몸부림'을 쳐야 한다. 낙담하고 좌절하고 포기하는 순간 무너지는 건 나 혼자만이 아니다. 반드시 지켜내야 할 것들마저 함께 흔들린다. 단 한 발짝이라도 앞으로 나아가려 발버둥을 칠 때, 비로소 나 자신은 물론 주변까지 지켜낼 진짜 힘이 생긴다.

마산에서 두 번째로 설치된 자동문

1986년, 마산에 있는 롯데 크리스털 호텔을 찾았다. 그런데 택시에서 내려 호텔 정문에 들어서는 순간, 눈앞의 문이 스르르 열리기 시작했다. 누가 안에서 열어준 것도, 내가 손을 댄 것도 아닌데 문이 저절로 열린 것이다. 아, 이게 요즘 말로만 듣던 자동문이구나!

지금은 집 앞 편의점만 가도 자동문을 쉽게 볼 수 있지만, 당시엔 사정이 달랐다. 대기업 사옥쯤은 되어야 겨우 구경할 수 있었고, 자동문이라는 단어를 들어본 사람은 많아도 실제로 본 사람은 손에 꼽을 정도였다. 촌놈처럼 보이기 싫어서 애써 태연한 척했지만, 사실 나 역시 그날 자동문이란 걸 처음으로 마주했다.

문이 저절로 열리고 닫히는 게 어찌나 신기하던지, 나도 모르게 한참을 바라보던 중 문득 이런 생각이 스쳤다.

'이걸, 우리 약국에 설치하면 어떨까?'

연로한 어르신이나 양손 가득 짐을 든 손님들에게 유용할 뿐 아니라, 동네 꼬마 녀석들에게도 더없이 신기한 구경거리가 될 것이다.

호텔에서 돌아온 나는 곧바로 자동문 설치 업체를 찾기 시작했다. 인터넷이 없던 시절이라 전화번호부를 뒤지고, 114 안내까지 동원해 부산에 있는 설치 업체를 알아냈다. 호기롭게 해당 업체에 전화를 걸었지만, 설치 비용을 듣는 순간 말문이 막혔다.

"얼마라꼬요? 200만 원이요?"

짜장면 한 그릇에 600~700원 하던 시절, 자동문 설치에만 무려 200만 원이 든다고 한다. 약국 규모를 생각해도 지나친 투자였고, 주머니 사정을 고려하면 더더욱 무리한 금액이다. 솔직히 고백하자면 '돈이 아깝다'라는 생각이 먼저 들었다. 업체에 '고민 좀 해보겠다'라고 이야기한 후 전화를 끊었는데, 누구보다 앞서가는 약국을 만들고 싶다는 열망이 좀처럼 사그라지지 않았다.

'그래, 어차피 이 돈은 내 돈이 아니다. 처음부터 없던 돈이다.'

흔들리는 마음을 다잡으며 결국 설치를 결정했다. 아마도 크리스털 호텔에 이어 마산에서 두 번째로 설치된 자동문이었을 것이다.

자동문이 설치된 약국은 단숨에 동네 명물로 떠올랐다. 어른들은 '세상 참 좋아졌다'라며 연신 감탄했고, 아이들은 출근 도장 찍듯 매일 같이 약국 앞으로 찾아왔다. 몰려드는 녀석들을 보며 '귀찮지 않냐'라고 묻는 사람도 있었지만, 나는 원래부터 아이들을 좋아한다. 평소에도 약국 앞을 지나가는 꼬마들이 보이면 매장 안으로 불러들여 훌쩍이는 콧물을 닦아주고, 새콤달콤한 비타민 C 하나를 손에 쥐여 주곤 했다. 명절이 다가오면 아이들 세뱃돈으로 나눠 줄 천 원짜리 신권을 미리 준비하는 것도 연례 행사 중 하나였다.

정성이 통한 것일까. 어느 날부턴가 "나중에 크면 육일약국 아저씨랑 결혼할래요"라고 말하는 아이들이 하나둘 생기기 시작했다. 안타깝게도(?) 그중엔 사내 녀석들도 몇몇 있었는데, 아직도 그때를 떠올리면 피식 웃음이 난다.

안 그래도 평소 약국을 즐겨 찾던 아이들은, 자동문 설치 후 삼삼오오 짝을 지어 몰려왔다. 그러고는 입구에 서서 목청껏 "열려라, 참깨!"를 외치곤 했다. 장난이 어찌나 심했던지 약국에 온 손님들이

나서서 만류할 정도였다. 상황이 이렇다 보니, 녀석들은 자지러지게 웃다가도 나와 눈이 마주치면 도망갈 자세부터 취했다. 그럴 때마다 돌아서는 녀석들을 불러 세운 뒤 빙긋 웃으며 말을 건넸다.

"와? 재밌는데 어데가노? 내는 억수로 바빠가 할 수 없으니, 너거들이 계속해 보그라."

물론 아이들의 장난이 버겁게 느껴지는 날도 있었고, '정신이 사납다'라며 그냥 내쫓으라는 말에 흔들린 순간도 있었다. 하지만 그럴 때마다 황희 정승의 일화를 떠올리며 마음을 다잡았다.

영의정 자리에서 물러난 황희 정승은 여생을 즐기기 위해 임진강이 내려다보이는 어느 작은 마을에 초가를 지었다고 한다. 갈매기를 벗 삼아 풍류를 즐기며 한가로이 지내던 어느 날, 마을 개구쟁이들이 정승의 앞마당으로 몰려들었다. 마당 한 편, 햇살을 머금고 탐스럽게 익은 복숭아를 따 먹기 위함이다. 저마다 더 크고 잘 익은 복숭아를 차지하겠다며 마당 한가득 소란을 피우는 녀석들을 향해, 방안에 앉아 있던 정승이 잔잔한 목소리로 말한다.

"이놈들아, 다 따 먹지는 말아라. 이 할아버지도 맛은 좀 봐야지."

그렇게 마당으로 나온 그는 복숭아 하나 남지 않은 텅 빈 나무를 바라보게 되었지만, 아이들을 나무라지 않았다고 한다. 탐스러운 복숭아 대신 개구쟁이들의 웃음소리로 풍성하게 채워진 마당을 얻었으니, 어쩌면 그 하나로 충분했을지 모른다.

몇백 년이 흐른 뒤, 작은 약국에서도 비슷한 풍경이 펼쳐졌다. 비록 고요한 일상은 잃었지만, 자동문을 보기 위해 모여든 사람들의 발길이 끊이지 않았고 그 덕에 약국은 오래도록 입소문이라는 최고의 홍보 효과를 누릴 수 있었다.

가자! 마산역 앞으로

1980년대만 해도 동네에서 경제 신문을 보는 사람이 많지 않았다. 하지만 마산 변두리에서 작은 약국을 경영하더라도, 경제 흐름을 읽는 눈은 꼭 필요하다는 생각이 들었다. 이에 신문 보급소에 전화를 걸어 구독을 신청하자, 당일 배달은 어렵다는 피드백이 돌아왔다. 마산·창원 지역에서 한국경제신문을 보는 사람이 200명 안팎이라, 하루 뒤 우편으로 신문을 발송해 준다는 이야기다.

그렇게 하루씩 늦은 신문을 받아 보던 어느 날, 유통업계의 대명사로 불리는 '월마트'에 관한 기사가 눈에 들어왔다. 마이카 시대에 발맞춰, 도심이 아닌 외곽에 창고형 매장을 세운 월마트가 큰 성공을 거두었다는 내용이었다. 순간, 잃어버린 북채를 되찾은 북처럼 심장이 둥둥 울리기 시작했다.

시내 중심가에 대형약국을 열고 싶었지만, 이를 위해선 향후 3년간 수입을 고스란히 저축해야 할 만큼 많은 자금이 필요했다. 녹록지 않은 현실에 머뭇거리고 있던 그때, 우연히 접한 월마트 관련 기사는 묘하게 마음을 뒤흔들었다.

'굳이 미련하게 시내 한복판을 고집할 필요가 없다. 외곽에서도 얼마든지 성공할 수 있다!'

그날 이후, 내 시야는 완전히 달라졌다.

마침, 마산역 앞에서 다섯 개의 점포를 운영하는 약사 선배와 동업할 기회가 생겼다. 동업을 결심한 후, 주변 사람들에게 '마산역 앞에 약국을 내면 어떻겠느냐'라고 물어보았다. 그러자 '인적이 드문 역 앞에 대형약국을 오픈했다가는 본전도 못 건진다' '집 앞에도 약국이 많은데 누가 그 먼 곳까지 약을 사러 가겠냐'라며 '지금 있는 약국이나 잘 키우라'는 식의 대답이 돌아왔다.

그들이 무엇을 걱정하는지 짐작할 수 있을 것 같았다. 당시 마산역은 열차 이용객이 많지 않은 한적한 역으로, 평일에는 한산하다 못해 적막감마저 감돌았다. 유동 인구는 물론, 거주 인구도 얼마 되지 않아 딱히 상권이라 할 만한 곳도 없었다.

하지만 그 무렵 대한민국은 이미 마이카 시대에 접어들고 있었다. 그렇다면 앞으로 고객 유치의 핵심은 '입지'가 아닌 '주차'가 될 터다. 마침 마산역 앞엔 넓고 한적한 공용 주차장이 있었는데, 이는 무엇보다 강력한 무기가 될 것이다. 상권에 대한 우려도 마찬가지다. 아직 때를 만나지 못했을 뿐, 자동차 시대가 본격화하면 마산역은 교통의 요지로 떠오를 게 분명하다.

사람들은 '최악의 입지'라고 입을 모았지만, 내 눈에는 오히려 '최적의 조건'으로 보였다. 더는 망설일 이유가 없다. 지금 당장 마산역 앞으로 가야 한다. 아니, 반드시 그곳으로 가야만 했다.

단단히 결심했지만, 마음 한쪽에는 어쩔 수 없는 불안이 남아 있었다. '그깟 약 하나를 사겠다고 사람들이 정말 마산역까지 찾아올까?' 주변의 우려가 자꾸만 귓가를 맴돌았다. 이런 의구심을 확신으로 바꾸는 방법은 하나, 두 발로 직접 현장을 확인하는 수밖에 없다.

시장 조사를 위해 자전거를 타고 예정지 주변을 무작정 돌며 지형과 상권을 눈에 익혔다. 아침·점심·저녁 시간대별로 횡단보도 앞에 서서 유동 인구를 30분 단위로 기록하고, 근처 20층짜리 대형 빌딩에 들러 각 층의 근무 인원과 방문자 수를 파악했다. 밤낮을 가리지 않고 현장을 누비며 오피스 상주 인원과 가구 수, 상권의 흐름 등을 꼼꼼히 분석했다. 그 결과 최악의 경우를 가정하더라도 '최저 생존'은 가능하다는 결론에 이르렀다.

확장 이전을 결심한 뒤, 내가 가장 먼저 한 일은 간판을 주문하는 것이었다. 내부 공사와 인테리어가 마무리된 뒤 간판을 다는 것이 일반적이지만, 이번엔 과감히 순서를 뒤집었다. 오픈하기 한 달 전부터 간판의 조명등을 최대한 밝게 설치하고, 날이 저물면 불을 밝혀 밤새도록 약국의 존재를 알렸다.

마침내, 오픈 당일. 평소 한적하기만 하던 마산역 앞 도로에, 꼬리에 꼬리를 문 차량이 줄지어 들어섰다. 마산은 물론 창원과 진해, 함안, 거제, 고성 등에서 찾아온 손님이 끝없이 밀려들었다. 그야말로 대성공, 약국을 시작한 지 꼭 11년 만의 일이다.

육일약국의 성공은, 단지 시대를 잘 만났거나 운이 좋아서 가능했던 게 아니다. 작은 약국에서 벗어나겠다는 간절함, 대형약국에 대한 집념, 그리고 발바닥에 땀이 나도록 뛰며 쌓아 올린 노력의 결실이다. 주변에서 '미친 짓'이라며 비웃을 때도, 한 걸음 또 한 걸음 꿈을 향해 묵묵히 걸어 나간 그 길의 끝에서야 비로소 내가 그렇게 원하던 세상을 마주할 수 있었다.

혁신은 결코 평온한 길에서 탄생하지 않는다. 사투에 가까운 몸부림과 끊임없는 도전, 그리고 고정관념을 깨뜨리는 용기 속에서만 가능하다. 새로운 길은 언제나 낯설고 외롭지만, 그 길을 처음으로 걷는 자만이 기회라는 문을 열 수 있다.

약사님은,
한방 공부 중

양·한방을 동시에 조제하는 약국이 점차 늘어나던 시기, 마침 한 선배로부터 '한방을 공부해 보라'라는 조언을 들었다. 그 말을 계기로 직접 관련 약국들을 찾아다니며 시장 조사를 시작했고, 그 결과 '해볼 만하다'라는 판단이 섰다. 비록 약국 규모는 작았지만, 혁신에 대한 열정만큼은 누구보다 컸던 나는 망설임 없이 한방 공부에 뛰어들었다.

정기적으로 시간을 내어, 한방에 대한 이론과 실무를 체계적으로 익혀 나갔다. 자연스럽게 약국을 비우는 시간도 점점 늘어났다. 그럴 때마다 직원들에게 다음과 같이 당부하곤 했다.

"손님이 내를 찾으면, '한방 공부하러 갔다'라고 꼭 말해 주이소."

김성오 약사가 요즘 한방 공부 중이라는 인식을 고객들에게 심어 주고, '곧 이곳에서도 한방 조제를 시작하겠구나'라는 기대감을 유도하기 위함이다.

어느덧 시간이 흘러, 한방 관련 공부를 모두 마쳤다. 하지만 곧바로 조제를 시작하는 대신, 사람들의 호기심과 기대를 자연스럽게 끌어올릴 수 있는 또 다른 전략을 선택했다.

우선 한방 약재함을 설치하고, 칸마다 다양한 약재를 가득 채워 넣었다. 그러자 곧 은은한 한약 냄새가 매장 구석구석 스며들기 시작했다. 약국 문을 열고 들어선 손님들이 코를 킁킁거리며 물었다.

"이기, 무신 냄샌교?"

"아, 3개월 후부터 한약 조제합니더."

그렇게 일주일쯤 지났을까. 약재향이 점점 옅어지더니, 이내 자취를 감췄다. 일부러 약재함을 1센티미터쯤 열어두자 다시 향이 번졌으나, 이 역시 오래 가지 않았다.

결국 가정용 약탕기 다섯 대를 들여왔다. 차로 마셔도 부담 없는 약재를 고른 뒤 매일 약탕기로 달여 진한 향을 퍼뜨렸다. 약국에 들어서는 누구나 짙은 한약향을 맡을 수 있게 된 셈이다. 그렇게 얼마나 지났을까. 드디어 차를 나눠 마시던 손님들이 '도대체 언제 조제를 하는 것이냐'라고 물어오기 시작했다.

석 달 후, 예고했던 한방 조제 시작일이 되었다. 별다른 홍보를 하지 않았음에도 불구하고, 첫날부터 약을 주문하려는 사람들이 몰려왔다. 사실 끊임없이 한약 냄새를 풍기던 지난 3개월 동안, 미리 조제를 예약해 둔 손님도 제법 있었다.

이미 한방으로 이름난 전문 약국이 인근에 자리하고 있었지만, 그에 뒤지지 않는 주문이 이어졌다. 그렇게 한방 조제는 단숨에 매출을 견인하는 핵심축의 하나로 자리매김했다.

약국에서 한약 조제를 준비하며 의도적으로 냄새를 퍼뜨릴 때만 해도, 그것이 '향기 마케팅'이라는 사실을 몰랐다. 솔직히 한약 냄새가 구매 욕구로 이어질지도 미지수였다. 하지만 냄새는 공짜나 다름없는 인테리어였고, 무엇보다 강력한 마케팅 도구였다.

후각은 시각 못지않게 사람을 자극하는 강력한 감각이다. 후각이 시각보다 더 무서운 점은 무의식적 반응을 끌어낸다는 데 있다. 실제로 미국의 한 대형 마트에서 갓 구운 빵 냄새를 매장에 퍼뜨린 결과, 빵집 매출이 무려 세 배 이상 증가했다고 한다. 극장 로비에 고소한 팝콘 냄새가 진동하고, 스타벅스 매장에 커피향이 가득한 이유도 같은 맥락이다. 냄새 혹은 향기가 소비자의 감각을 자극해, 무의식적으로 지갑을 열게 만드는 것이다.

때로 눈보다 코가 먼저 고객의 발길을 이끈다는 것, 그리고 향기는 생각보다 훨씬 더 오랜 기억 속에 머문다는 사실을 그때 깨달았다.

시작보다 지속이 더 어려운 창업

IMF 외환위기 이후 불어닥친 대한민국의 창업 열풍은 지금까지도 그 열기를 이어가고 있다. 거리마다 새로 문을 연 카페, 식당, 학원들이 줄지어 서 있고, SNS에는 '오픈 이벤트' 소식이 연일 끊이지 않는다. 겉보기엔 창업이 활기를 띠는 것처럼 보이지만, 그 이면에는 치열한 생존 경쟁이 도사리고 있다.

국세청 자료에 따르면, 신규 창업 대비 폐업률은 무려 79.4퍼센트에 달한다. 매장 10곳이 새로 문을 여는 동안, 기존 8곳은 문을 닫고 있는 셈이다. 창업의 문은 넓지만, 그 문을 지나 끝까지 살아남는 건 극히 일부일 뿐이다.

그런데 이렇게 치열한 시장에 뛰어들면서 정작 출사표를 허투루 던지는 이들이 있다. 여기서 말하는 출사표는 다름 아닌 개업식을 뜻한다. 예컨대 불과 몇 해 전만 해도, 가게가 문을 열면 요란한 음악에 맞춰 내레이터 모델이 춤을 추는 광경을 흔히 볼 수 있었다.

그 앞을 지날 때마다 '이벤트 회사가 기획한 천편일률적인 개업식이 과연 효과가 있을까?' 하는 의문이 들곤 했다. 고객의 기억에 또렷이 남을 더 좋은, 더 나은, 더 새로운 방법이 분명 있을 텐데, 왜 모두 같은 방식을 반복하는지 의아스러웠다.

매장을 시장에 처음 선보이고, 운영의 시작을 알리는 개업식은 새로운 가능성의 문을 여는 출발점과 같다. 따라서 개업식 또한 세심한 전략이 필요하다. '잘 키운 딸 하나, 열 아들 안 부럽다'라는 속담이 있듯, 잘 치른 개업식 하나가 열 번의 광고 못지않은 홍보 효과를 불러올 수도 있다.

교방동의 약국을 마산역 앞으로 이전할 당시, 확장을 축하한다며 개업 선물을 보내겠다는 지인이 많았다. 다들 고만고만한 형편인 걸 알기에, 그저 번창을 기원하는 마음만 받고 싶었다. 하지만 거듭된 거절에도 지인들은 계속 연락을 취해왔고, 혹시라도 부담스러운 선물을 보내지 않을까 걱정이 되었다. 고심 끝에 '다른 선물은 일절 받지 않으니, 만 원짜리 화환 하나 보내주면 감사히 받겠다'라는 이야기로 상황을 마무리 지었다.

개업 당일, 이른 아침부터 전국 각지에서 화환이 속속 도착하기 시작했다. 어느새 약국 앞에는 백여 개가 넘는 화환이 줄을 지었고, 덕분에 마치 대형 행사장을 방불케 하는 장관이 펼쳐졌다. 약국을 오픈했는지, 갈빗집을 개업했는지 관심 없이 지나가던 사람들도, '도대체 여기가 뭐 하는 곳이냐?'라고 물으며 안으로 들어왔다.

"이야, 화환이 억수로 많네예. 약사님, 뭐하던 분인교?"

"여기, 뭔 잔치났으예? 뭔 차랑 사람이 이리 많습니꺼?"

만 원짜리 화환 하나가 엄청난 홍보 효과를 만들어냈으니, 지인들 입장에서도 이보다 보람 있는 선물은 없었을 것이다.

등가교환의 법칙(?)

받고만 있을 수는 없는 터, 약국을 찾아준 손님들에게 전할 개업 선물로 고급 타월을 준비했다. 말 그대로 '선물'이니 만큼, 구매액과 상관없이 매장을 방문하는 모든 분께 드렸다.

점심시간이 지났을 무렵, 분위기가 심상치 않았다. 발 없는 말이 천리를 간다더니, 개업 선물을 준다는 소문이 순식간에 퍼진 모양이다. 드링크제나 소화제를 구입한 후, 타월 상자를 손에 들고 흐뭇한 얼굴로 약국을 나서는 손님들의 모습이 이어졌다.

할머니, 할아버지, 며느리, 손자, 손녀 등 온 가족이 연달아 찾아오는 집도 있었다. 오전에 방문한 사람이 몇 시간 후 다시 오기도 했다. 재방문하는 이들에게도 처음과 마찬가지로 개업 선물을 건네고, 감사의 인사를 전했다.

소화제 하나에 고급 타월 하나, 단순히 등가교환으로 보면 손해 보는 장사임이 분명하다. 하지만 약국을 먼저 다녀간 사람들이 소문을 내주지 않았다면, '박카스 한 병 묵어도 진짜 수건을 주는교?'라며 찾아오는 손님도 없었을 것이다. 당장 전단이라도 만들어 약국의 존재를 알려야 하는데, 알아서 입소문을 내주니 하루에 몇 번을 찾아와도 감사할 따름이다.

어느덧 오후, 소문을 듣고 찾아온 사람들로 인해 약국은 발 디딜

틈 없이 북적였다. 말 그대로 인산인해의 개업식을 제대로 치른 것이다. 덕분에 몇 번이나 타월을 추가 주문해야 했지만, 마음은 한없이 풍성해졌다. 어찌 보면 그날 약국 문을 나서는 모든 손님이 내게는 축하 화환이었고, 그들의 입소문이야말로 가장 값진 개업 선물이었음이 분명하다.

이후, 마산역 앞 육일약국은 열세 명의 약사를 둔 기업형 약국으로 성장했다. 해마다 진해, 창원, 함안, 고성, 거제 등 인근 지역에서 찾아오는 고객만 해도 수십만 명에 달했다. 단순히 약사 수만 놓고 보면, 열아홉 명의 약사가 근무하는 종로 보령약국에 이어 전국에서 두 번째 규모였다.

의료보험 확대 그리고 약사와 의사의 인력 과잉으로 업계 전반이 사양길에 접어들던 시기였음을 고려하면, 실로 놀라운 성장이었다.

물건을 팔기보다,
정성을 파는 마음으로

교방동에서 약국을 개업했을 당시, 사람들은 마치 그 자리에 아무것도 없는 듯 매장 앞을 무심히 지나치기 바빴다. 약국이 작다고 약의 효능이 떨어지는 것도 아닐 텐데, 좀처럼 문을 열고 들어오는 이를 찾기 어려웠다. 텅 빈 출입문을 바라보며 '왜 손님이 오지 않을까?' '도대체 어떻게 하면 한 사람이라도 더 약국을 찾게 할 것인가?'를 고민하는 게 유일한 일과였을 정도다.

그러던 어느 날, 반가운 얼굴이 약국 문을 열고 들어왔다. 지인 중 한 사람이 교방동 근처에 일이 있어 왔다가, 인사차 들른 것이다. 잠시 앉기를 권했지만, 그는 바쁘다며 한사코 거절했다. 그래도 내 집까지 찾아온 손님인데 그냥 돌려보내긴 아쉬웠다.

"그리 먼 길을 오셨는데… 섭섭하구로. 어찌 그냥 가는교, 잠깐 차라도 한잔하고 가소마."

거듭된 부탁에 그도 안 되겠던지 '그럼 잠깐만 있다 가겠다'라며 자리에 앉았다. 간단한 차와 과일을 앞에 두고 마주한 우리는, 가벼운 인사말로 대화의 물꼬를 텄다. 그렇게 별거 아닌 이야기들이 꼬리에 꼬리를 물며 자연스레 이어졌다. 나 역시 대화에 푹 빠져 시간 가는 줄 모르고 있었는데, 문득 시계를 본 그가 화들짝 놀라며 자리에서 벌떡 일어섰다. 뭐가 그렇게 즐거웠는지 우리는 두 시간 가까이 대화를 나누고 있었던 것이다.

서둘러 매장을 나서는 상대를 배웅한 후 다과상을 치우는데, 그가 앉았던 자리에 자꾸 시선이 머물렀다. 순간, '의자'에 답이 있을지도 모른다는 생각이 스쳤다.

돌이켜보니 그랬다. 처음에 그는 '잠깐 앉았다 가라'는 권유에 난처한 기색을 보였고, 거듭된 부탁에 마지못해 궁둥이를 붙였을 뿐이다. 하지만 서둘러 가야 한다던 모습은 온데간데없이 사라지고, 어느새 우리는 두 시간 가까이 대화를 나누고 말았다. 그렇다. 일단 앉으면 이야기는 길어진다.

당시는 의약분업이 시행되기 전이라, 약사가 환자의 증상에 따라 직접 약을 지을 수 있었다. 이에 병원 방문이 쉽지 않았던 이들은 약사와 상담하고, 각자 증상에 맞는 약을 받아 가는 게 일상이었다. 의사에 비할 바는 아니지만, 약사 역시 전문성과 신뢰를 갖춘 존재였기에 약국 문을 열고 말을 건네는 것조차 왠지 모르게 조심스러워하는 이들이 많았다.

이에 상담이라는 훌륭한 도구가 있었음에도, 고객이 약국에 머무는 시간은 고작 몇 분 남짓에 불과했다. 깊은 신뢰를 쌓기엔 구조적으로 한계가 있는 셈이다. 그렇다면 답은 하나, 고객을 무조건 자리에 앉혀야 한다!

당장 기존에 사용하던 높은 상담 테이블을 낮은 책상으로 교체, 누구나 편히 앉을 수 있는 자리를 만들었다. 의자도 약사용과 손님용을 구분하지 않고 동일한 것으로 바꾸어 놓았다. 고객 위에 군림하는 약사가 아니라, 평범한 이웃으로 마주 앉아 대화를 나누고 싶다는 의지의 표명이었다.

그날부터 약국 문을 열고 들어오는 손님에게 묻지도 따지지도 않고 착석을 권했다. '가벼운 몸살약 하나 사러 왔다'라며 머뭇거리는 사람에게는 박카스 한 병을 건네며 조심스레 앉기를 청했다. 상담 중 대화가 끊겨 어색한 침묵이 흐르면, 일부러 세상 돌아가는 이야기를 꺼내 분위기를 풀어내려 애썼다.

'착석의 효과'는 생각보다 컸다. 예전 같았으면 약만 챙기고는 뒤도 돌아보지 않고 매장을 나섰을 사람들이다. 그런데 의자라는 그 작은 변화 하나로, 사람들의 태도가 눈에 띄게 여유로워진 것이 느겨졌다. '더 필요한 약이 없나?'라며 굳이 집안 구급상자를 떠올리기도 하고, "○○약 주세요"가 아니라 "3일 전부터 목이 아프고…"라며 자신의 증상을 자세히 설명하기도 했다. 이렇게 시작된 상담은 상대의 궁금증이 해소될 때까지 이어졌다.

각각의 증상에 대해 최대한 정확히 설명하려 노력했지만, 종종 지식이나 경험이 부족해 말문이 막히는 순간도 있었다. 그럴 때는 전문 서적을 펼쳐두고 손님과 함께 관련 정보를 살펴보거나, 선배 약사에게 전화를 걸어 자문하기도 했다.

그마저도 해결이 어려운 경우에는 '다음에 오시면 꼭 답변해 드리겠다'라며 미안한 마음을 담아 정중히 사과드렸다. 이런 모습을 본 사람들은 '약사가 그것도 몰라?'라고 반응하는 대신, 하나라도 더 알려주기 위해 노력하는 모습을 고맙게 받아들였다. 그렇게 나는 정성이라는 이름의 경쟁력을 또 하나 만들어갔다.

성실한 상담의 효과

물론 상담용 테이블을 바꿨다고 해서 하루 10명이던 손님이 갑자기 100명으로 늘어나지는 않는다. 실제로 고객이 조금씩 증가하긴 했지만, 눈에 띌 만큼 큰 변화는 아니었다. 그래서 초반에는 일부러 약국에서 일하는 직원을 고객용 좌석에 앉혀 놓기도 했다. '손님이 끊이지 않는 약국'이라는 인상을 심어주기 위한 전략이었다.

임진왜란 당시, 충무공 이순신은 턱없이 불리한 상황에 놓여 있었다고 한다. 이에 그는 기지를 발휘한다. 마을의 부녀자들을 모아 남성의 옷을 입힌 뒤, 수십 명씩 무리를 지어 산봉우리를 돌게 한 것이다. 멀리서 그 모습을 지켜본 왜군은 우리 군사가 끊임없이 증원되는 줄로 착각했고, 결국 전투를 시작하기도 전에 겁을 먹고 도망쳤다고 한다.

중요한 것은 처한 상황이 아니라, 이를 대하는 태도다. 그보다 더 중요한 건 숫자의 많고 적음이 아니라, 주어진 형편에 맞는 전략과 지혜다. 아주 작은 변화일지라도 이를 적극적으로 활용하려는 의지만 있으면 언제든지 새로운 돌파구는 마련될 수 있다.

작은 돌멩이 하나가 물길을 바꾸듯, 변화를 만드는 데는 생각보다 많은 조건이 필요하지 않다. 작지만 날카로운 전략 하나면 충분하다.

실제로 상담에 익숙해진 손님들은 빠르게 적응해 나갔다. 상담 테이블에 앉으라고 권하면 손사래를 치던 사람들이, 어느새 약국에 들어서자마자 의자부터 꺼내는 경지에 이르렀다.

그렇게 자리를 잡고 앉은 이들은 건강은 물론 학업과 취업, 결혼과 출산, 심지어 자녀의 진학 문제까지 속 깊은 이야기들을 거리낌 없이 풀어놓았다. 고객들의 매장 체류 시간은 자연스럽게 길어졌고, 새 손님이 오면 기존 손님이 자리를 비켜주는 순환 현상까지 나타났다.

물론 장시간의 상담이 모두 구매로 이어지는 건 아니다. 하지만 그 시간은 내게 부족했던 질병에 대한 정보를 익히고, 다양한 증상과 사례를 간접적으로 접할 수 있는 소중한 배움의 기회이기도 했다. 결과적으로 손해 볼 게 하나도 없는 시간이었다.

이런 '성실한 상담의 효과'는 뜻밖의 곳에서 빛을 발했다. 질병의 진행 상태는 물론 약의 효능과 복용 방법까지 제대로 이해한 고객들은 그 어느 때보다 약을 꼬박꼬박 잘 챙겨 먹었고, 덕분에 회복 속도 역시 눈에 띄게 빨라졌다. 그 결과, 이들은 자발적인 홍보요원이 되어 '육일약국이 용하다'라는 이야기를 이 골목 저 골목에 퍼뜨리고 다녔다. 말 그대로 입소문이 시작된 것이다.

어느덧 퇴근 무렵이면 4.5평 남짓한 작은 약국에 10~20명의 손님이 줄을 서서 기다리는 진풍경이 펼쳐졌다. 한때 고객용 의자에 앉아 하릴없이 시간을 보내던 직원도, 언제 제 자리에 앉았는지 기억나지 않을 만큼 쉴 새 없이 움직여야만 했다.

"우째, 여기는 올 때마다 손님이 있는교?"

주변에서는 손님들로 북적이는 매장을 보며 '이제 허리 좀 펴고 살 수 있겠다'라고 축하의 인사를 건넸지만, 정작 나를 움직이게 만드는 원천은 따로 있었다.

"내사마, 여기만 오믄… 지대로 된 손님 대접 받는다 안 하나."

고객이 툭 던진 이 한마디는 일개 숫자로 환산할 수 없는 값진 보상이었고, 내가 이 일을 왜 하는지 다시금 떠올리게 하는 강력한 원동력이었다. 그래서 마산역 앞에 대형 약국을 열 당시에는, 처음부터 손님을 의자에 안내하는 전담 직원을 둘 정도로 고객 응대에 각별한 정성을 기울였다.

그렇게 몇 년이 지나자 은행들도 하나둘 상담 창구의 높이를 낮추고, 고객용 의자를 비치하기 시작했다. '고객은 왕이다'라는 문구도 등장하며 유행처럼 번져나갔다. 지금은 이 표현이 지나치게 소비되면서 감정노동이라는 그늘을 드리우고 있지만, 애초 이 말이 담고 있던 의미는 분명하다.

고객을 최선의 예우로 맞이하고, 최상의 서비스를 실현하겠다는 다짐이 바로 그것이다. 비록 시간이 흐르며 본질은 희미해졌지만, 그 정신만큼은 여전히 유효하다고 믿는다. 단순한 서비스를 넘어, 사람을 대하는 근본적인 자세와 맞닿아 있기에 그렇다.

이런 이야기를 하면 '무례한 손님들 때문에 지친다' '고객이 왕인 시대는 끝났다'라는 말이 돌아오곤 한다. 맞는 이야기다. 사람을 상대하는 일은 필연적으로 감정 소모라는 반작용을 동반할 수밖에 없다. 그럼에도 끝까지 이 태도를 놓지 말아야 하는 이유는, 우리가 마주하는 대상이 단순한 '일'이 아니라 '사람'이기 때문이다.

내 이름은 이맹순

'삼순이'라는 이름이 브라운관을 점령한 시절이 있었다. 자신의 이름 때문에 상처받은 주인공이 개명을 위해 고군분투하는 모습을 그린 드라마 '내 이름은 김삼순'을 보다가, 문득 오랫동안 잊고 지냈던 한 사람의 얼굴이 떠올랐다.

어느 날, 단골손님 한 분이 어두운 얼굴로 찾아와 고민을 털어놓기 시작했다. 훤칠한 키에 빼어난 미모를 자랑하는 딸이 하나 있는데, 대학 입학 후 학교에 가지 않겠다며 버티고 있다는 것이다. 그 이유는 바로 '이맹순' 이라는 이름 때문이었다. 학창 시절 내내 눌러 둔 설움이 뒤늦게 터져 버린 모양이다.

원래 그녀에게는 평범하고 예쁜 '이은정'이라는 이름이 있었다. 하지만 '천한 이름을 지어야 오래 산다'라는 속설을 믿은 할머니가, 출생신고서에 '이맹순'이라는 이름을 적었다고 한다. 손녀가 오래도록 무사하길 바라는 마음에서 비롯된 선택이었지만, 정작 그녀는 그 이름 때문에 많은 시간 상처받고, 잔뜩 움츠린 채 살아야 했다.

당시만 해도 개명은 흔한 일이 아니었고, 절차도 까다로워 일반인이 쉽게 접근하기 어려웠다. 사연을 들은 나는 곧바로 후배 변호사에게 연락해 개명에 필요한 절차를 확인했다. 그리고 맹순 양, 아니 이제는 은정 양의 어머니에게 그 과정을 자세히 안내해 드렸다. 은

정 양의 어머니는 '이런 방법이 있었느냐'라며 거듭 감사의 인사를 전하고 돌아갔다. 그리고 얼마 지나지 않아, 환한 웃음을 머금은 모녀가 꽃과 과일 바구니를 들고 찾아왔다.

"약사님요. 너무 감사하다 안 합니꺼. 이제 어깨 쫙 펴고 당당하게 학교 다닐랍니다."

사실 내가 한 일은 그리 거창한 게 아니다. 고객의 이야기에 귀 기울이고, 몇 통의 전화를 걸어 개명 신청에 필요한 서류와 절차를 알아봐 준 것이 전부다. 하지만 이 작은 수고로 한 가족에게 기쁨을 선사하고, 한 사람의 인생에 변화를 줄 수 있었다는 사실이 되레 감사할 따름이다.

당시 나는 '어떻게 하면 우리 약국을 찾는 사람들을 기쁘게 해줄 수 있을까?'를 끊임없이 고민했다. 수익과는 무관한 행위지만, 누군가에게 기쁨이 될 수 있다면 주저 없이 행동에 옮겼다. 하찮고 보잘 것 없으며 시시해 보이는 일이라도 개의치 않았다.

일례로 이미 포장을 뜯어 반품이나 재판매가 불가능한 제품도, 환불을 요청하는 손님이 있으면 망설임 없이 응했다. 돈만 좇으면 돈과 사람을 모두 잃지만, 마음을 좇으면 사람은 물론 그 이상의 것들도 함께 따라온다는 신념에서 비롯된 행동이다.

이 철학은 지금도 변함이 없어, 수강료 또한 최대한 신속하게 환불해 주도록 하고 있다. 물론 개중에는 악의를 가진 사람도 몇 있지만, 피치 못할 사정이 있는 경우가 더 많다.

무엇보다 반품을 들고 약국을 찾기까지 혹은 전화기 너머로 환불을 요구하기까지, 고객의 머릿속은 수많은 생각으로 복잡할 것이다. '환불이 안 되면 어쩌지?' '목소리 높여 싸워야 하나?'라는 식의 불안감도 있을 터다.

그런데 걱정과 달리, 자신의 요청이 쉽게 받아들여지고 응대마저 친절하다면 어떨까? 불만을 품고 환불을 요구했더라도, 기대 이상의 서비스를 마주한 순간 미안한 마음이 들기 시작할 것이다. 이유야 어찌 되었든, 결과적으로 업체에 손해를 끼친 셈이니 말이다.

1.5배 이상 친절하게

고객은 기대에 미치지 못하거나, 자신의 예상과 비슷한 수준의 서비스로는 좀처럼 마음을 움직이지 않는다. 기대를 뛰어넘는 배려, 생각지도 못한 친절, 차원이 다른 응대가 이루어질 때 비로소 진정한 감동을 느낀다. 그래서 나는 항상 '고객이 기대하는 것보다 1.5배 더 친절하라'고 강조한다. '친절을 가장한 자기만족'에 머물지 말라는 뜻이다.

그동안의 경험으로 볼 때, '1배의 친절'로는 마음이 잘 전해지지 않는다. 최소 1.2배 정도의 정성을 들여야 상대로부터 '무언가 다르다'라는 피드백이 오고, 1.5배를 넘어서야 비로소 진정성이 느껴지는 반응이 나온다. 개인적으로 '1.5배 친절론' 펼치지만 가끔은 이런 생각도 든다. '누군가가 5리를 같이 가자고 하면 10리를 함께 가주고, 오른쪽 뺨을 치면 왼쪽 뺨도 내주라'는 성경 말씀처럼, 진정한 친절은 자신이 전할 수 있는 배려의 두 배 혹은 그 이상을 의미하는 게 아닐까 싶기도 하다.

1.5배의 친절만큼이나 중요한 것이 하나 더 있다. 바로 '확실한 마무리'다. 축구 경기만 봐도, 첫 골을 넣은 선수보다 마지막 결승골을 터뜨린 선수가 더 큰 스포트라이트를 받는다. 다소 야속하게 들릴지 모르지만 세상은 과정보다 결과를 중시하고, 비즈니스에서는 이 원칙이 더욱 뚜렷하게 작용한다.

약국을 경영하다 보면 종종 다른 약국에서 치료를 받았지만, 별다른 차도가 없다며 답답함을 토로하는 손님을 마주하게 된다. 일례로 눈병이 그렇다. 이미 2주간 치료를 받았음에도 증상이 나아지지 않는다며 도움을 요청하는 경우가 적지 않다.

그럴 때면 일단 고객의 상태를 확인한 후 '나만 믿으라'고 큰소리를 치곤 했다. 눈병은 본래 완치까지 2~3주의 시간이 필요한 질환이다. 이미 다른 약국에서 2주 동안 치료를 받았다면, 회복의 문턱에 이른 것과 다름없다. 나름 과학적으로 뒷받침되는 근거가 있었기에 완치를 확신하고, 자신 있게 말할 수 있었던 셈이다.

질병이 말끔히 치료된 경험을 한 고객은 은연중 나를 '마무리를 잘해주는 사람' '끝까지 책임지는 사람'으로 기억하게 된다. 이처럼 확실한 마무리는, 고객의 충성도를 높이는 최고의 전략이자 잠재 고객을 수면 위로 끌어올리는 가장 확실한 방법이다.

하지만 눈병 초기라면 이야기는 달라진다. 이럴 때는 진료를 시작하기 전, 2~3주 정도의 치료 기간이 필요하다는 점을 분명히 설명한다. 치료 기간에 대한 이해가 선행되지 않으면, 불필요한 불만이나 오해가 생기기 쉽다. 고객의 기대가 실망으로 바뀌지 않도록 사전에 균형을 맞추는 '기대 조율'이 중요한 것이다. 실제로 고객 불만의 상당수는 제대로 조율되지 않은 기대에서 비롯된다.

분수에 맞게, 힘닿는 만큼

1983년 7월, 스물여섯의 나이에 군 복무를 마치고 사회로 나왔다. 당시 손에 쥔 것이라고는 대학 졸업장 하나뿐, 말 그대로 무일푼 빈털터리였다. 제약회사 연구원으로 취업할 수도 있었지만, 그 월급으로는 당장 생활조차 감당하기 어려웠다. 그렇다고 집안의 도움을 기대할 처지는 더더욱 아니다.

그도 그럴 것이, 아버지는 조선 시대에 태어났다면 청렴결백한 선비의 대명사가 되셨을 분이다. 그런 양반이 지방에서 목회까지 하고 계셨으니, 형편이 넉넉할 리 만무하다. 무너질 대로 무너진 집안을 일으키기 위해서라도 돈을 벌 수 있는 길을 찾아야한다. 남은 선택지는 하나, 개업뿐이다.

고향 마산으로 내려와, 월 2퍼센트 이자를 조건으로 600만 원을 빌려 개업을 준비했다. 한정된 예산안에서 영업장과 약품을 모두 마련해야 했기에, 언감생심 변화가는 꿈도 꿀 수 없었다. 형편에 맞는 자리를 찾기 위해 자전거를 타고 며칠 동안 마산 변두리를 샅샅이 돌아다녔다. 그렇게 찾아낸 곳이 교방동의 한 자투리 공간이다. 당시 약국 허가 기준이 4.5평 이상이었으니, 턱걸이로 간신히 허가를 통과한 셈이다.

제대 후, 단 40일 만의 창업이었다.

어쩌면 전국에서 가장 작은 약국이 아니었을까 싶다. 그럼에도 보증금을 마련할 여유가 없어, 비싼 월세를 감수하고 간신히 자리를 얻었다. 생애 처음 시작하는 사업이자 오랫동안 꿈꿔온 개업이었지만, 인테리어는커녕 간판 하나 맞추는 비용조차 부담스러웠다.

빌린 600만 원 중 200만 원은 약장을 맞추는 데, 300만 원은 약품을 채우는 데 사용했다. 그리고 남은 100만 원은 혹시 모를 상황에 대비해 운영 자금으로 남겨두었다.

예산의 50퍼센트를 약품 구매에 쏟아부었지만, 몇 개 안 되는 약장의 절반도 채우기 어려웠다. 가뜩이나 협소하고 볼품없는 약국이다. 약장마저 비어 있다면 누가 발길을 들이겠는가. 나라도 그런 약국엔 가지 않았을 것이다.

결국 의약품 도매상과 제약회사에 부탁해 빈 약통을 구했고, 그것들로 약장의 빈자리를 메워 넣었다. 그리고 빈 약통을 진짜 약품으로 채우기까지 꼬박 1년 반이라는 시간이 걸렸다.

그렇게 개업 후 1년 만에, 600만 원의 빚을 청산했다. 약국을 찾아준 이들 덕분에 가능한 일이다. 더 이상 빚쟁이는 아니지만, 그렇다고 딱히 재산이라고 부를 것도 없는 완벽한 제로 상태. 홀가분히 다시 시작하는 마음으로 학생들에게 매달 10만 원의 장학금을 주기로 결심했다. 아버지로부터 귀에 못이 박히도록 들은 '나누고 베푸는 삶'을 실천할 때가 온 것이다.

나는 평생 다른 사람을 보살피고 돕는 아버지의 모습을 보면서 자랐다. 그래서 나눔은 내게 특별한 결심이 아니라, 익숙한 삶의 방식이다. 문제는 '누구에게' 그리고 '어떻게' 전달하느냐다.

마침 친구의 장인어른이 교방초등학교 교장선생님으로 재직 중이었고, 그의 부인은 약국에 자주 들르는 단골손님이었다. 어느 날, 약국을 찾은 사모님에게 조심스레 뜻을 전했다.

"장학금 받을만한 학생 좀 추천해 달라고, 교장선생님께 전해주시믄 고맙겠심더."

그런데 예상치 못한 반응이 돌아왔다.

"쯤! 이 사람, 아직 멀었다. 빚 쪼가 없어지고 나니까 묵고 살만 하드나? 가진 거라고는 쥐뿔도 없으믄서, 그렇게 퍼주믄 은제 일어 설라꼬 그러노? 형편 좀 펴지면 그때 하소. 그래도 늦지 않다 아이가."

그녀의 말대로 나는 가진 게 없는 사람이 맞다. 하지만 그래서 더 나누고 싶었다. 많이 가진 사람일수록 쓸 곳이 늘어나고, 야욕으로 뒤를 돌아보지 못하는 경우를 너무도 많이 봐왔기 때문이다.

물론, 여유가 생긴 뒤 더 큰돈으로 남을 도울 수 있으면 좋을 것이다. 하지만 달콤한 성공의 열매를 맛본 후에는, 나도 모르게 생겨난 욕심이 나눔을 방해할지도 모른다. 차라리 가진 게 없을 때 나누는 습관을 들여야, 나중에 큰돈이 생겨도 탐하지 않을 수 있다. '분수에 맞게, 힘닿는 만큼만 하겠다'라는 거듭된 다짐 끝에, 교장선생님으로부터 장학생을 추천받을 수 있었다.

돈으로 환산할 수 없는 것들

약국을 경영하다 보면 사람들과의 친분 때문에 크고 작은 동네 행사에 참석할 일이 적지 않다. 그해 교방초등학교에서도 졸업식 초대장이 날아왔다. 참석을 한다고 대답은 했지만, 이 역시 흔한 동네 행사라 여기며 대수롭지 않게 받아들였다.

졸업식 당일, 학교를 찾아가 교장선생님께 인사를 드리는데 생각지도 않은 이야기를 꺼내셨다. 지금까지 매달 지원한 장학금을 바로 지급하지 않고, 1년 치를 고스란히 모아두셨다는 것이다. 그리고 바로 오늘, 그 장학금을 졸업생들에게 직접 전달해 달라고 하셨다. 액

수도 크지 않을뿐더러, 남에게 드러내기 위해 시작한 일이 아니다. 그저 조용히 전달되길 바라는 마음에 정중히 사양했지만, 선생님께서는 학생들에게 직접 전해주는 게 바로 산교육이라며 끝내 고집을 꺾지 않으셨다.

졸업식이 이어지고, 마침내 장학금 전달 순서가 다가왔다. 창피하고 민망한 마음으로 조심스레 단상에 오르는데, 병아리 같은 아이들의 입에서 환호성이 터져 나왔다.

"와~ 육일약국 아저씨다!"

예상치 못한 환대에 놀란 것도 잠시, "너도 커서 육일약국 아저씨 같은 사람이 되거라"라는 어른들의 목소리가 들려왔다. 크게 성공한 사람도 아니고 유명인도 아닌, 허름한 4.5평 약국 주인을 닮으라는 부모님들의 말씀이 그저 감사할 따름이었다.

정신없이 장학금을 수여하고 돌아오는 길, 마치 하늘을 나는 듯한 기분이 들었다. 지난 1년 동안 누군가에게 도움이 되기를 바라는 마음으로 꾸준히 장학금을 전달했을 뿐, 나눔의 기쁨에 대해서는 깊이 생각해 본 적이 없다. 하지만 그 기쁨을 온전히 누리고 보니, 600만 원의 빚을 청산할 때의 뿌듯함과는 비교할 수 없는 행복이 몰려왔다. 두고두고 손님들에게 '좋은 일 한다'라는 인사를 받는 건 덤이었다.

이후 매년 10만 원씩 장학금을 늘려갔다. 형편이 넉넉하지 않을 때도 어려운 이웃을 위한 성금만큼은 줄이지 않았다. 셋방살이를 면치 못하면서도 꾸준히 기부하는 모습을 보고 '돈 아까운 줄 모른다'거나 '손해 보는 짓만 한다'라고 걱정하는 이들도 적지 않았다. 하지만 그들이 모르는 게 하나 있다. 바로, 돈으로 환산할 수 없는 큰 보람과 사랑을 돌려받았다는 사실이다.

나눔도 중독이다. 한두 번 나누기 시작하면 그 행복에서 쉽게 벗어나기 어렵다. 남을 위해 마음을 쓰다 보면, 신기하게도 오히려 더 큰 생각의 여유가 생긴다. 그리고 어느 순간, 뿌듯한 보람과 사명감에 힘입어 더욱 열심히 일하고 있는 자신을 발견하게 된다. 이는 노력으로 얻는 성취와는 또 다른 차원의 만족감이자 삶이 주는 뜻밖의 선물이다.

사람들은 언제나 내가 나눈 것 이상의 사랑을 되돌려주었고, 그렇게 주민들의 칭찬과 축복 속에 사업은 단단하게 뿌리를 내려갔다.

"지는 약사라예, 박사 아니라예"

마산은 바닷가다. 사진이나 텔레비전 화면에 비치는 바닷가는 '훌쩍 떠나고 싶다'라는 충동을 자아낼 만큼 멋진 풍경을 자랑하지만, 이를 터전으로 삼은 아낙네들의 현실은 그리 녹록지 않다. 생선을 다듬는 손 하나에 가족의 생계가 걸려있을 때는 더욱 그렇다.

그녀들의 손은 어시장 좌판에서 생선의 배를 가르고 내장을 손질하며 자식을 키워낸 위대한 것이지만, 거북이 등껍질처럼 단단하게 박힌 굳은살에는 말없이 견뎌온 세월의 고단함이 고스란히 배어 있다.

할머니들은 더욱 그랬다. 평생 노점에서 일하며 쌓인 고된 노동의 흔적은 그녀들의 몸 구석구석에 짙은 그늘을 드리웠다. 걸어 다니는 종합병원이라 불러도 과언이 아닐 만큼 어디 하나 성한 데가 없었다. 그럼에도 '돈이 아까운 마음'에 영양제 하나 선뜻 사지 못하고 발길을 돌리기 일쑤였다.

해 질 무렵이면, 생의 무게만큼이나 뜨겁게 타오르는 바다의 노을을 등지고 그녀들은 집으로 돌아간다. 가끔은 그 뒷모습에서, 너무도 거룩해 함부로 입에 담을 수 없는 '생존'이라는 이름의 그림자를 발견하곤 했다.

"할매요~! 할매요~! 오늘 많이 팔았는교?"

약국 앞을 지나가는 할머니들이 보이면 서둘러 매장의 문을 열고 나가 인사를 건넸다.

그런데 오랜 세월 어시장을 삶의 터전으로 삼아온 이들에게는, 아무리 씻어도 지워지지 않는 특유의 짠 내가 문신처럼 배어 있다. 하루 장사를 마치고 돌아오는 저녁 무렵이면, 생선 비린내까지 겹쳐 그 냄새는 한층 더 짙어진다. 이런 사실을 누구보다 잘 아는 어르신들은, 약국 안으로 발을 들이는 것조차 망설이셨다. 그래서 내가 먼저 문을 열고 나가, 손을 붙잡고 안부를 여쭌 것이다.

"우야꼬! 박사님, 지 손 더럽심더."

"더럽긴요! 할매요. 글고, 지는 약삽니더. 박사 아니라예. 그런데 신경통은 좀 어떻습니꺼?"

그럴 때면 어르신들은 나의 손등을 소중히 쓰다듬으며 말씀하셨다.

"아이고, 그런 말 마이소. 약사님 같은 양반이 박사를 해야지, 아니믄 누가 박사를 하는교?"

형편이 어려워 대학원 문턱도 밟아보지 못한 사람에게 그분들은 스스럼없이 박사라고 불러주셨다. 지위나 형편을 따지지 않고 그저 사람을 향한 진심, 그 마음 하나를 귀하게 여겨주신 듯하다.

물질적으로 풍요로운 사람은 어디를 가도 대접을 받는다. 그런 대우에 익숙한 사람들은 웬만한 정성에는 감동하지 못한다. 오히려 '대접의 양'이 부족하다며 불쾌해하는 경우도 적지 않다. 부유한 사람보다 형편이 넉넉지 않은 사람이, 지위가 높은 사람보다 낮은 사람이 작은 것에 감동하고 더 큰 감흥을 받는다.

내가 물질적으로 나눌 게 없어 친절과 존경을 주었을 때, 그들 또한 무언가로 보답하고 싶어 했다. 하지만 그들이나 나나 서로 사정이 어렵기는 매한가지였다. 그래서 그들은 각자의 방식으로 감사의 마음을 표현했다. 누구는 지인이나 친척에게 약국을 소개했고, 또 다른 누군가는 월급날이 되면 매장을 찾아와 약을 구입하는 식이었다. 현금이 빠듯하니, 급여일을 기다려 약국을 찾은 것이다. 만약 그 시절에 신용카드가 있었다면, 속된 말로 떼부자가 되었을지도 모른다. 그런데 여기서 끝이 아니었다.

어느 해, 동네 사람끼리 뜻을 모아 체육대회를 열었다. 남녀노소

가리지 않고 모두 어울려 즐기는, 그야말로 마을 잔치였다. 그런데 그날, 뜻밖에도 생애 가장 특별한 선물을 받았다. '제1회 교방동 주민이 주는 상'이 바로 그것이다. 그 후 교방동에서 10여 년을 더 살았지만 제2, 제3의 수상자는 나타나지 않았다. 이웃들이 나를 위해 단 한 번 수여한, 말 그대로 유일무이한 상賞상줄 상이었기 때문이다.

당시 부상으로 받은 은수저 세트는 지금도 우리 부부의 식탁에 함께하고 있다. 이후에도 은수저를 몇 번 더 선물 받았으나, 그 무엇도 이보다 귀하고 각별한 것은 없었다.

두 개 뿌리고, 한 개 거두기

한 자리에서 오랜 시간 약국을 경영하다 보면, 단골손님이 이사 가는 일이 잦아진다. 어느 날 문득, 1년 동안 이사한 사람의 수를 세어보니 전체 주민의 약 20퍼센트에 달했다. 그 뒤로는 이삿짐을 실은 용달차가 약국 앞을 지나갈 때마다 마음 한편이 허전했다. 쌓아온 정도 정이지만, 공든 탑이 무너지는 듯한 아쉬움이 더 컸다. 한 사람을 단골로 만들기 위해 들였던 정성과 노력을 떠올리면 절로 한숨이 나올 정도였다.

그러던 어느 날, 동네에서 처음 보는 사람이 환한 미소를 머금은 채 약국 문을 열고 들어왔다.

"안녕하십니꺼? 문방구 앞에 새로 이사 온 사람입니더. 그 집서 살던 양반이 약국은 꼭 여기를 가라꼬 신신당부를 하데예? 안 그래도 이삿짐을 옮겨서 그른가 몸도 찌뿌드드하고, 소문대로 울 약사님이 을매나 미남인가 보러 왔심더."

이사로 정신없는 와중에도 약국을 '인수인계' 해주고 가다니, 생각지도 못했던 일이다. 놀라운 일은 또 일어났다. 멀리 이사한 뒤에도 고가의 영양제나 중요한 약은 여전히 육일약국에서 구매하는 이들이 적지 않았던 것이다.

한 시간 가까이 상담했음에도 '잘 알겠다'라는 말만 남긴 채 자리를 뜨는 손님들이 있다. 그럴 때면 쏟은 정성과 마음이 허공으로 날아가는 것 같아 얼마나 허무했는지 모른다. '시간이 아깝다'라는 생각과 더불어 왠지 모를 씁쓸함과 섭섭함이 밀려오기도 했다.

그런데 그렇게 돌아갔던 손님 중 상당수가 며칠 뒤 다시 약국을 찾아왔다. '지난번 친절하고 자세하게 상담해 줘서 고마웠다'라는 인사와 함께 이번에는 망설임 없이 약을 구매해 갔다. 그런 손님을 마주할 때면, 성급함에 사로잡힌 자신이 부끄러웠다. 빨리 돈을 벌어야 한다는 조급함과 눈앞의 이익에 집착한 결과, 나도 모르게 손님을 '사람'이 아닌 '돈'으로 보고 있었던 모양이다.

이런 일을 몇 번 겪은 후 비로소 손님을 '돈'이 아닌 '사람'으로 대하기 시작했다. 어리석음을 후회하며 틈나는 대로, 기회가 닿는 대로 정성과 성의를 나누었다.

아마 처음부터 장사가 잘되었더라면 고객, 정성, 친절, 나눔, 정 따위는 생각하지 않았을지도 모른다. 그저 '내가 잘나서' '능력이 좋아서' '운이 따라서'라며 자만에 빠졌을 가능성도 크다. 불행 중 다행히도 어렵고 힘든 시간이 있었기에 관계의 소중함을 알게 되었고, 고객 한 사람 한 사람이 지닌 놀라운 영향력도 깨닫게 되었다.

매일 꾸준히 씨앗을 뿌리면 어떤 열매는 오늘 거두고, 또 어떤 열매는 내일 수확하게 된다. 중요한 건 오늘 몇 개의 열매를 손에 쥐었느냐가 아니라, 단 하루도 빠짐없이 씨앗을 뿌리는 그 성실함이다.

만약 하루 두 개의 씨앗을 뿌리고 하나의 열매를 거둔다면, 시간이 흐를수록 수확량은 눈에 띄게 늘어날 것이다. 누적된 씨앗들이 차례로 열매를 맺기 때문이다. 하지만 씨앗 하나를 뿌려놓고 그날 바로 한 개의 열매를 기대하거나, 반 개의 씨앗으로 온전한 결실을 바란다면 금세 바닥이 드러날 수밖에 없다. 더는 거둘 것도, 자랄 것도 없는 상태가 되는 건 시간문제다.

이는 영업과 마케팅뿐만 아니라 인간관계에서도 예외 없이 통하는 원칙이다.

가장 효율적이고 지속적인 경쟁력, 마음 경영

고객이 다시 찾아오게 만들기 위해서는, 무엇보다 그들의 '마음'을 읽는 게 중요하다. 자신의 욕구를 정확하게 알아주는 가게와, 그저 수많은 손님 중 하나로 여기는 가게 중 어느 쪽을 선택하겠는가. 당연히 전자다. 고객은 언제나 자신을 '이해해 주는 곳'을 기억하고, 결국 그곳으로 다시 돌아온다.

장사가 안되는 매장 주인의 말을 들어보면, 대부분 상품에만 집중하는 경향이 있다. 상담은 형식적이고 안내는 기계적이며, 대화 속에는 고객이 아닌 물건만 존재한다. 특히 '이거 팔아서 얼마나 남는다고…'라는 계산이 앞서면, 가장 중요한 고객의 니즈는 들여다볼 생각조차 하지 않게 된다.

그러니 짧은 순간이라도 고객과 대화를 나누게 되면, 눈앞에 있는 사람을 깊이 이해하려는 태도를 갖춰야 한다. 표면적인 요구나 질문에만 반응하는 것이 아니라, 그 이면에 담긴 성격과 가치관, 경제적 여건과 교육 수준은 물론, 인간적인 품성과 태도까지 세심하게 읽어내려는 노력이 필요하다. 고객을 입체적으로 이해해야만 비로소 그 눈높이에 맞는 응대가 가능해진다.

약품을 예로 들면, 어떤 이는 제조회사나 브랜드 혹은 성분을 우선으로 고려하는 반면, 또 다른 이는 저렴한 가격을 선택의 기준으로 삼는다. 브랜드를 중시하는 고객에게 무턱대고 가성비를 앞세우면 거래가 성사되지 않을뿐더러 자칫 불쾌감을 전달할 확률이 높다.

반대로 당장 1만 원 한 장 쓰기 어려운 사람에게 고가의 약품을 제시하면, 상대는 수치심과 거리감을 느끼게 된다. 이처럼 고객의 배경과 상황을 고려하지 않은 제안은 오히려 신뢰를 무너뜨릴 뿐이다.

고객 한 사람 한 사람에게 맞는 방식으로 제품을 제안하고, 구매의 필요성을 자연스럽게 설득해야 한다. 단순히 물건을 파는 판매자에 머무는 게 아니라, 고객에게 꼭 맞는 정보를 건네는 조언자이자 상담자, 해설자이자 안내자의 역할을 동시에 해내야 하는 것이다.

종종 물건을 팔기 위해 수단과 방법을 가리지 않는 장사꾼들을 본다. 소비자의 욕구나 진실은 외면한 채, '일단 팔고 보자'라는 식의 이런 한탕주의는 망하는 지름길이다. 그리고 이는 손님의 발길을 끊게 하는 가장 빠른 방법이기도 하다.

더 큰 문제는, 한 사람의 불만이 그 당사자에 그치지 않고 확산된다는 점이다. 크든 작든 불만을 가진 고객은 파장을 일으킨다. 소위 말하는 안티가 되어 조용히 주변을 물들이고, 잠재 고객을 감소시킨다. 실제로 고객이 만족하면 최소 8명에게 그 사실을 이야기하지만, 불만을 가지면 최소 24명에게 그것을 토로한다는 연구 결과도 있다.

고객은 버스를 기다리는 승객과 같다

또 한 가지, '영원한 단골은 없다'라는 사실을 명심해야 한다. 고객은 마치 버스를 기다리는 승객과도 같다. 지금은 우리 매장이라는 정류장에 머물러 있지만 더 빠르고 쾌적한 버스가 눈앞에 나타나면 언제든 망설임 없이 갈아탈 것이다. 그들이 떠나는 이유는 애정이 식어서가 아니라, 더 매력적인 대안이 눈앞에 나타나서다.

주인은 손님을 비교할 수 없지만, 고객은 다르다. 그들은 늘 제품, 가격, 품질, 서비스, 응대 등을 꼼꼼히 비교하고 판단하며, 더 나은 선택지가 보이면 주저 없이 발길을 돌린다. 오래된 단골도 마찬가지다.

무엇보다 하자 있는 상품은 교환해 줄 수 있지만, 서비스에 불만을 품고 돌아선 고객의 마음은 쉽게 되돌리기 어렵다. 새로운 고객을 만드는 것보다 기존 고객을 만족시키는 일이 훨씬 더 수월하다. 결국 단골은 시간이 쌓아주는 게 아니라, 매 순간 선택받으려는 노력 위에 유지된다.

나는 매장 문을 나서는 손님의 뒷모습을 바라보면서 항상 다음 세 가지 질문을 던지곤 했다. 첫 번째, 이 손님이 오늘 나를 통해 만족했을 것인가? 두 번째, 다음에 다시 찾아올 것인가? 세 번째, 다른 손님을 데리고 올만큼 감동을 받았는가?

'내가 편한' 장사는 오래가지 못한다. '고객이 편한' 장사만이 살아남는다. '내가 즐거운 공간'이 아니라 '손님이 즐거운 공간'이 되어야 한다. '내가 만족스러운 서비스'가 아니라, 고객이 '고맙고도 미안한 마음'을 느낄 수 있는 서비스여야 한다. 고객이 이런 마음을 품게 되는 순간, 그 장사는 망하고 싶어도 망할 수가 없다.

무엇보다 손님의 숫자도 빈익빈 부익부다. 하루에 한 명씩만 늘어나도 어느 순간 엄청나게 증가하지만, 반대로 줄어들기 시작하면 순식간에 썰물처럼 빠져나간다. 계속 '빈貧가난할 빈'하게 머물 것인지 '부富부자 부'를 향해 나아갈 것인지는 결국 주인의 태도에 달렸다.

손님이 넘치는 약국의 주인이 되고 싶었던 나는, '친절'의 수준을 흔히 말하는 '아부' 직전까지 끌어올렸다. 항상 고객을 세심히 살피며, 어떻게 하면 그가 기분 좋게 돌아설 수 있을지를 고민했다. 필요하다면 애교를 부리거나, 다소 입에 발린 말도 서슴지 않았다. 그런데 이 과정을 통해 중요한 사실을 하나 깨달았다. 친절은 양과 질 못지않게 그 타이밍이 중요하다는 점이다.

친절이 너무 이르면 어색하게 흘러가고, 너무 늦으면 마음에 와 닿지 않는다. '어긋난 타이밍'에 '억지스러운 말'이 얹히면 그야말로 사고다. '적절한 타이밍'에 '알맞은 칭찬과 격려'가 더해질 때 비로소 친절이 완성된다.

나는 그 정교한 타이밍을 놓치지 않기 위해 '지금 저 사람에게 가장 필요한 것은 무엇일까?'라는 질문을 스스로에게 던지곤 했다. 그리고 알맞은 칭찬과 격려를 전달하기 위해 고객의 관심사, 성향, 가족 관계 등을 세심하게 기억해 두었다. 그러다 마침내 기다리던 순간이 오면, 과하지도 모자라지도 않은 한마디를 건넸다. '충분히 준비된 진심'이 있었기에 가능한 일이다.

요즘 같은 세상에 '굳이 뭘 그렇게까지 애를 써야 하느냐'라고 반문할 수도 있다. 하지만 이는 얄팍한 환심을 사려는 제스처와는 전혀 다른 차원의 노력이다. 수많은 선택지 가운데 굳이 나를, 우리를 택한 그 고마운 마음에 진심으로 화답하려는 움직임이다. 해석이 다르다고 해서, 마땅한 응답과 고유의 노력을 천박한 상술로 깎아내려서는 안 된다.

chapter 1. 고객을 영업부장으로 만들어라

'Give → Take'라는 삶의 법칙

나는 사업의 성공 여부가 '마음의 방향'에 달려 있다고 믿는다. 사람들의 마음이 내게로 향할 때는 거침 없는 성장 가도를 달렸고, 등을 돌릴 때는 어김없이 위기가 찾아왔다. 돌아선 마음을 되돌리는 방법은 단 하나, 진심으로 감동을 주는 것뿐이다.

그렇다면 사람의 마음을 움직이는 힘, 즉 감동의 본질은 무엇일까? 굳이 말하지 않아도 대부분은 이미 답을 알고 있다. 바로 '주는 것'이다. 우리는 흔히 뭔가를 주려면 나 자신이 여유로워야 한다고 생각한다. 하지만 꼭 그렇지만도 않다.

'내가 지금 이 사람에게 무엇을 줄 수 있을까?'를 진심으로 고민하다 보면, 아무리 형편이 어려워도 나눌 수 있는 무언가가 반드시 존재한다. 돈이 없으면 시간을, 시간이 없으면 정성을, 정성이 없으면 따뜻한 미소라도 전할 수 있다. 하다못해 얕은 지식이나 평범한 일상의 경험이라도 기꺼이 나누면 되는 것이다.

마산에 증권회사가 하나뿐이던 시절, 경제개념을 길러야겠다는 생각으로 소액 주식 투자를 시작했다. 지금이야 스마트폰 하나로 간편하게 주식을 거래할 수 있지만, 당시에는 영업장에 직접 방문하거나, 전화로 주문을 넣는 방식이었다. 무엇보다 주식에 관한 관심이 지금처럼 높지 않았다.

그러던 어느 해, 서울의 개미 투자자들이 주식으로 큰 재미를 보았다는 기사가 연일 헤드라인을 장식했다. 예견된 수순처럼, 마산에도 곧 주식 열풍이 번졌다. 매도와 매수의 개념조차 생소한 사람들이 우르르 몰려들면서, 시장은 한바탕 소란에 휩싸였다.

어느새 동네에는 '주식이라는 걸 하는 약사가 있다'라는 소문이 퍼졌고, 호기심 어린 이들의 발길이 하나둘 이어졌다. 나는 그들에게 계좌 개설과 주문 방법 등을 안내하는 길잡이가 되었고, 덕분에 약국은 증권사 영업장을 방불케 하는 투자 열기로 가득 차기도 했다.

학원 하나 없는 외진 동네, 아이들이 공부할 만한 공간도 마땅치 않았다. 그리고 생계를 꾸리기 바쁜 부모들은 자녀의 학습까지 세심히 챙길 여력이 없었다. '바쁜 부모들을 대신해 내가 할 수 있는 일이 무엇일까?' 고민하던 끝에, 아이들의 학습을 돕기로 마음먹었다.

이후 초등학생부터 중·고등학생까지, 다양한 연령대의 아이들이 교과서와 학습지를 들고 약국을 찾아왔다. 덕분에 시험 기간만 되면 약국은 연필의 사각거림이 가득한 공부방으로 거듭났다. 행여 학업에 방해될까 싶어 까치발로 조심스레 매장을 오가는 손님들의 모습도, 어느 순간 익숙한 풍경이 되었다.

우리는 흔히 'Give & Take'라는 표현을 쓴다. 이 말에서 주목할 점은 단어의 순서다. 주는 것이 먼저, 받는 것은 그다음이다. 'Give → Take' 할 때 비로소 베풂은 손해가 아니라 자산이 된다. 자신이 나눈 것보다 더 크고 깊은 보답이 반드시 따른다. 나 역시 그랬다.

일례로 참기름을 구경하기도 어려웠던 시절, 시골에서 직접 공수한 참깨로 방앗간에서 기름을 짜는 날이면 어김없이 기름병을 들고 약국을 찾는 사람들이 있었다.

"약사 양반, 이것 좀 묵어 보이소."

그럴 때면 매장 안을 가득 채우는 고소한 참기름 냄새에, 없던 입맛이 절로 돌아왔다. 떡도 귀하던 시절이다. 당시엔 빵이 오히려 대중적인 음식이었고, 떡은 잔칫날에나 겨우 맛볼 수 있는 드문 별미에 속했다. 그런데도 막 쪄낸 따끈따끈한 떡 한 덩이를 건네고 가는 손길이 끊이지 않았다. 으레 잔칫집 음식은 약국을 한 번 거쳐 가는 것이 자연스러운 풍경처럼 자리 잡았다.

밀감 한 개, 알사탕 세 개

약국에서 약 200미터 떨어진 곳에는 저마다의 사연을 지닌 어르신들이 모여 사는 작은 양로원이 하나 있었다. 2~3주에 한 번씩 장의차량이 드나들 만큼 몸이 성치 않은 분들이 많았지만, 연세 탓인지 당신들의 상태를 담담히 받아들이고 계신 듯했다.

특히 오랜 시간 지병을 앓아온 어르신들은 자녀에게도 '아프다'라는 말을 쉽게 꺼내지 못했다. 휴일마다 양로원을 찾아오는 것도 보통 일이 아닌데, 만날 때마다 '아파 죽겠다' '내가 빨리 죽어야지'라는 하소연을 곱게 들어줄 자식이 과연 몇이나 되겠는가. 그럼에도 참았던 속내가 불쑥 튀어나온 날이면, '먹고살기 바쁜 애들 붙잡고, 괜한 투정을 부린 것 같다'라며 멋쩍게 웃는 분들도 적지 않았다.

그런 분들이 꼬깃꼬깃 모아둔 용돈을 들고 약국을 찾아오면, 일단 증상을 꼼꼼히 들었다. 그리고 정말 필요한 경우가 아니면 처방전을 내리지 않았다. 약으로 해결될 성질의 것이 아니었기 때문이다.

대신 그분들의 말씀에 맞장구를 치고 불편하신 곳을 살피며, 자녀들이 해야 할 위로를 부러 건넸다. 그렇게 나름의 위안을 얻은 어르신들은 굳이 약을 쓰지 않아도 상태가 호전되는 경우가 많았다. 아마도 외로움과 마음속 깊은 상처가 조금씩 아문 덕분이 아닐까 싶다.

자원봉사자들이 방문하는 날이면 양로원은 유난히 활기가 넘쳤다. 그들은 거동이 불편한 어르신들의 목욕을 돕고, 길게 자란 머리카락을 단정히 손질한 후 간식으로 밀감 서너 개와 알사탕 몇 알을 나누어 드리곤 했다. 그런 날이면 어김없이 한결 단정한 옷차림의 어르신 몇 분이 약국을 찾아오셨다.

가쁜 숨을 몰아쉬며 의자에 앉은 어르신들은 조심스레 손수건을 풀고 그 안에 곱게 싸 온 무언가를 내미셨다. 열일곱 소녀보다 수줍은 미소와 함께 건넨 손수건 안에는 밀감 한 개와 알사탕 세 알이 들어 있었다. 그 앞에서 밀감을 반으로 쪼개 먹으면, 당신의 입에 들어가는 것보다 좋아하셨다. 그분들의 마음은 밀감보다 향기로웠고, 그네들의 사랑은 사탕보다 달콤했다. 나는 지금도 그때 먹었던 밀감의 맛을 잊지 못한다. 환절기나 독감이 유행할 때, 감기약 하나라도 챙겨드렸던 일이 그분들에겐 큰 감동이었던 모양이다. 그저 가진 지식에 정성을 더했을 뿐인데, '젊은 사람이 어른들을 잘 모신다'라는 이야기가 끊이지 않았다. 좋은 약국이라는 입소문이 퍼지면서, 칭찬은 칭찬대로 듣고 매출은 매출대로 오르는 기쁨도 함께 누릴 수 있었다.

기계가 사람의 손을 대신하고, 데이터가 판단을 대신하는 세상에서 감동을 논하면 다소 촌스럽게 들릴지도 모른다. 하지만 기술이 정교해지고 시스템이 고도화될수록, 사람들은 더 많이 외로워지고 더 쉽게 소외된다. 이것이 바로 고객 감동이 여전히 필요한 이유다. 모든 접점에 자신의 마음을 녹여 넣고, 상대방의 마음이 내게로 움직이게 만드는 것, 나는 이를 '마음 경영'이라 부른다. 혹자는 시대에 뒤떨어진 낡은 이론이라 할 수도 있겠지만, 사실은 그렇지 않다. 마음 경영은 유효기간이 지난 철학이 아니라, 오히려 가장 현실적이며 지속 가능한 경쟁력의 원천이다.

내가, 우리 가게가, 우리 회사가 상대 또는 고객에게 감동을 줄 수 있는 요소는 무엇인가? 단순히 상품이나 서비스를 넘어, 감정을 흔들고 기억에 남을 만한 '무언가'를 전하고 있는가? 이 질문에 대한 답을 찾는 순간, 비로소 지속 가능한 성장이 시작될 것이다.

| 상담 십계 |

1. 첫 대면에서 상대의 기본 정보를 파악하라

효과적인 상담은 상대에 대한 이해에서 시작된다. 말투와 표정, 옷차림, 눈빛 같은 미세한 단서들을 통해 성격, 교육 수준, 형편, 가치관 등 고객에 대한 정보를 종합적으로 읽어낼 수 있어야 한다.

2. 고객의 이해 수준에 맞춰 설명하라

설명은 고객의 눈높이에 맞추는 것이 기본이다. 지나치게 전문적인 용어보다는, 쉽고 명확한 언어를 사용하는 편이 훨씬 효과적이다. 필요하다면 글, 그림, 도표 등 시각 자료를 활용해 이해를 돕는 것도 좋은 방법이다.

3. 아이스 브레이킹 ice breaking은 필수다

경직된 분위기를 풀기 위해 날씨, 교통, 경제 이슈, 옷차림 같은 일상적인 주제로 가볍게 대화의 창을 여는 것이 좋다. 상냥한 인사와 따뜻한 한마디는 단순한 예의를 넘어, 상담 분위기를 부드럽게 이끄는 좋은 출발점이 된다.

4. 외모로 지갑을 판단하지 마라

첫인상만으로 경제 수준을 섣불리 단정하기보다는, 상담을 통해 자연스럽게 상황을 파악해 나가는 것이 바람직하다. 더불어 상대의 여건과 필요에 맞는 상품과 가격을 제안하는 태도도 중요하다.

5. 고객의 시간을 배려하라

지나치게 긴 상담은 오히려 피로감과 부담으로 이어질 수 있다. 특히 대기 인원이 많은 경우, 상담 시간을 탄력적으로 조정하는 유연함은 필수다.

6. 일방적 설명은 금물, 양방향 소통을 하라

상담은 대화이지 강의가 아니다. 고객의 눈빛과 반응을 세심하게 살피며 흐름을 조율하고, 상대가 자기 생각을 말할 수 있도록 기회를 주는 것이 중요하다. 서로의 말에 귀 기울일 때 비로소 공감대가 형성된다.

7. 과도한 판매는 신뢰를 무너뜨린다

무리한 판매 시도는 고객을 방어적으로 만들고, 상담의 흐름을 깨트린다. 이는 곧 신뢰도를 잃는 결과로 이어질 수 있다.

8. 중간 점검으로 방향을 조율하라

상담이 어느 정도 진행되었다면, 고객이 안고 있는 고민을 함께 되짚어보길 권한다. 오늘 결정을 내릴지, 다음을 기약할지, 더 필요한 정보는 없는지 등을 확인하며 상황을 정리해나가라. 이 시점에서는 고객에게 가장 적합한 해결책을 설계하고 제안할 수 있는 역량이 무엇보다 중요하다.

9. 구매 의사가 보이면 빠르게 마무리하라

고객이 결정을 내렸다면, 그 순간을 놓치지 말아야 한다. 불필요한 고민이나 갈등이 생기지 않도록, 빠르고 깔끔하게 마무리하는 것이 좋다.

10. 고객의 뒷모습까지 살펴라

거래가 끝났다고 관계까지 끝난 것은 아니다. 그러니 돌아서는 고객의 표정과 반응을 통해 서비스에 대한 만족도를 점검하는 습관을 들여라. 모든 고객은 단골이 될 수 있다는 사실을 잊지 말아야 한다.

chapter
2

고객에게 앞서
구성원부터 감동시켜라

장사란, 이익보다 사람을 남기는 것

'중등부 온라인 교육 사업을 하는 50대의 CEO'. 지금의 나를 가장 잘 설명하는 말이다. 하지만 이런 표현과 달리, 컴퓨터 앞에만 서면 작아지는 자신을 발견하곤 한다. 단순한 문서 작성이나 이메일을 주고받는 것 외의 작업은 하나같이 낯설고 여전히 버겁다.

이런 모습을 본 사람들은 종종 묻는다.

"어떻게 인터넷 회사를 운영하세요?"

그럴 때마다 늘 같은 대답을 꺼낸다.

"직원들이 다 알아서 해줍니다."

듣기 좋은 말처럼 느껴지겠지만 사실이 그렇다. 사이트 기획부터 디자인, 프로그래밍까지 각자의 역할을 빈틈없이 소화하는 구성원들 덕분에 메가스터디 엠베스트가 이만큼 성장할 수 있었다.

　IT 사업을 하는 데 있어, 약사 출신이라는 점은 분명 핸디캡이다. 일일이 손으로 약을 포장하던 아날로그 세대로서 클릭 몇 번이면 장바구니에 물건이 담기고, Enter 키 한 번으로 주문이 이루어지는 디지털 시장을 따라가는 일은 결코 쉽지 않다. 내가 해내지 못한 일을 대신해 주는 고마운 은인들, 바로 구성원들이 없었다면 오늘의 나는 존재하지 않았을 것이다.
　물론 사업 초기에는 모든 게 낯설고 어색했다. 하지만 점점 조직원들과 마음을 열고 소통하는 법을 배워갔다. 모르는 것이 있으면 스스럼없이 먼저 다가가 묻고, 그들을 '은인'이라 부르며 진심으로 감사의 마음을 전한 결과, 술자리에서 안줏거리가 되지 않는 '행복한 사장님'이라는 소리까지 듣게 되었다. 이토록 서로를 배려하고 존중하는 관계이기에, 이직이나 퇴사를 선언하는 조직원을 보면 안타까운 마음을 금할 수 없다.

　회사에서 중요한 직책을 맡고 있던 과장이 느닷없이 사직서를 제출했다. 전혀 예상치 못한 상황이라 당혹스러웠지만, 일단 마음을 가다듬고 대화를 통해 그의 생각을 돌려보고자 했다.
　"이 과장, 니 나가면 큰일이다. 회사에서 얼마나 중요한 사람인데, 우린 우짜라고 이라노. 절대 나가면 안 된다."

하지만 이미 확고하게 결심을 굳힌 그는, 그저 '죄송하다'라는 말만 거듭할 뿐이었다.

"그동안 우리가 쌓은 정이 얼만데… 이 과장, 니 아니었으면 부서가 이만큼 성장할 수 있었겠나? 다시 한번 생각해 보그라."

약국을 경영할 때도 한 명의 손님에게 몇 년씩 정성을 들였던 터다. 고맙고 소중한 내 사람에게 3~4주 정성을 들이는 것은 일도 아니다. 가족처럼 생각하는 구성원이 회사를 떠난다는데, 이보다 안타까운 일이 또 어디 있겠는가.

내게 사람만큼 중요한 자산은 없다. 이에 한 번 맺은 인연의 끈은 웬만해선 놓지 않는다. 몇 시간에 걸쳐 간곡히 만류하자, 한참을 고민하던 그는 결국 '생각해 보겠다'라는 말을 남기고 자리에서 일어섰다. 하지만 다음 날도 여전히 그는 사직 의사를 밝혔고, 그 후 일주일 동안 세 번 더 사직서를 제출했다. 결코 쉽지 않은 줄다리기가 시작된 것이다.

다섯 번째 사직서를 마주했을 때도 나의 생각은 변함이 없었다. 그는 우리 회사를 위해 오랜 시간 많은 노력을 기울였고, 앞으로도 조직이 성장하는 기쁨을 함께 나누어야 할 사람이다.

"이 과장, 니는 참말로 우리 회사에 꼭 필요한 사람이다. 니가 지금까지 고생한 걸 와 모르겠노. 그래도 이만큼 키워 놓았으믄, 더 크게 자라는 것도 봐야 하지 않것나. 제발 한 번만 다시 생각해 보그레이."

간절함이 묻어나는 말에 그는 잠시 침묵했다. 순간 심정이 복잡해졌다. 구성원의 선택을 존중해야 한다는 생각과 그를 붙잡고 싶은 마음 사이에서 나 역시 길을 잃고 있었다.

다음 날 아침, 마침내 우리는 밝은 표정으로 마주 앉았다. 고맙게도 그가 입장을 바꿔 회사에 남기로 결정한 것이다. 이후 그는 오히려 이전보다 더욱 열정적인 모습으로 업무에 임했다. 나 역시 그의 결정이 헛되지 않도록 더 나은 환경을 제공해 주고자 열심히 노력했다. 서로를 향한 신뢰와 배려가 오가는 사이, 회사는 그렇게 한층 더 단단해지고 있었다.

몸값만큼 중요한 마음값

요즘은 퇴사를 쉽게 결정하는 경향이 높다. 충분한 고민 끝에 내린 결단이라기보다는, 순간의 감정이나 일시적인 충동에 휘둘리는 경우를 종종 보게 된다.

그래서 나는 사직을 원하는 구성원에게도, 새로 사람을 뽑을 때만큼이나 신중하게 접근한다. 그 사람이 정말 떠날 준비가 되어 있는지, 아니면 지금 힘든 순간을 함께 버텨줄 누군가가 필요한 건지를 먼저 살핀다. 여느 경영자들처럼 사직서를 앞에 두고 "그래, 수고했어"라고 쿨하게 반응하지 못하는 이유도 바로 이 때문이다.

그게 아니더라도, 원래 촌스러운 사람이라 퇴사를 원하는 구성원이 있으면 평균 3~5번의 면담을 통해 끈질긴 설득에 나선다. 이런 과정을 거치면 조직원은 자연스레 자신의 위치를 다시 되돌아보게 된다. 스스로 별 볼 일 없는 사람이라고 여겼는데, 사장이 '당신 없으면 안 된다'라고 간절하게 붙잡으니, 미처 알지 못했던 자신의 가치를 새삼 깨닫게 되는 것이다.

이처럼 리더의 신임을 온몸으로 느낀 사람은, 이전과 다른 책임감을 스스로에게 부여한다. 그리고 사직서를 제출하기 전보다 더 큰 열정으로 일에 몰입한다. 직급이 높지 않아도 리더가 인정하는 '소중한 사람'이라는 자부심이 생긴 덕이다.

또 하나 간과할 수 없는 건, 구성원들이 시선이다. 말단 사원에게까지 정성과 마음을 다하는 경영자의 태도는, 조직에 팀워크라는 불씨를 지피는 강력한 도화선이 된다. '우리 회사는 사람을 귀하게 여긴다'라는 인식이 자연스럽게 조직 문화에 스며들기 시작하면, 더는 '주인의식을 가져라' '책임감을 느껴라'와 같은 공허한 구호를 반복할 필요가 없다. 신뢰와 존중이 깔린 조직에서는 구성원들이 자유로운 생각을 펼치고, 실수 앞에서도 쉽게 주저앉지 않는다.

이런 이야기를 하면 '이것저것 다 필요 없고, 그저 물질적 보상이 최고'라며 고개를 젓는 사람이 있다. 맞다. 돈은 중요하다. 배고픈 열정은 오래 가지 못한다. 그렇다면 충분한 보상이 모든 문제의 해답이 될까? 현실은 그렇게 단순하지 않다.

단순한 보상이 동기는 될 수 있어도 방향까지 제시하진 못한다. 연봉이 구성원의 발길을 잠시 붙잡아 둘 수는 있지만, 그 의지까지 묶어두긴 어렵다. '이 일을 왜 하는가?' '이 조직에 남아야 할 이유는 무엇인가?'라는 질문에 답하려면, 숫자 이상의 무언가가 필요하다. 결국 사람들은 단순한 '대우'보다 진정성이 깃든 '대접'에 더 민감하게 반응한다.

개인적으로 '구성원 대접'에 소홀함이 없도록 신경 쓰는 게 몇 가지 있다. 그중 하나가 바로 편견과 선입견에 대한 경계다. 예를 들어, 누군가 내게 구성원의 출신 지역이나 학교를 물으면 '잘 모르겠다' '기억이 나지 않는다'라고 대답한다. 과거 수백 명에 달하는 고객의 이름을 줄줄이 꿰고 있던 걸 아는 사람들은, '어떻게 그런 것도 모르냐?'라며 의아한 표정을 짓는다.

그들의 배경을 기억하지 못하는 이유는, 애초부터 신경 쓰지 않아서다. 입사 지원서를 검토할 때도 거주지나 성장 배경은 어디까지나 참고 자료일 뿐, 판단의 기준으로 삼지 않는다. 출신지나 학력 같은 고정관념에 휘둘리지 않으려 의도적으로 거리를 두는 것이다.

몸값만큼 마음값이 중요하다는 사실을 이해하는 리더만이 사람을 지키고 인재를 키우며 성과를 만들어낼 수 있다.

가장 강력한 성장의 언어, 칭찬

교방동에서 약국을 경영하던 시절, 어른들의 심부름을 대신해 매장을 찾는 아이들이 종종 있었다. 때로는 동장군의 매서운 칼바람을 헤치고, 때로는 삼복더위의 뜨거운 열기를 고스란히 머리에 이고 나타나는 아이들을 보면, '이런 날씨에 심부름하느라 고생했다'라는 말과 함께 천 원짜리 한 장을 슬며시 용돈으로 쥐여 주었다. 그럴 때면 연신 흘러내리는 콧물을 훔치던 소년도, 꼬질꼬질한 손등으로 제 이마의 땀방울을 닦아내던 소녀도 뜻밖의 횡재에 신이 난 듯 가벼운 발걸음으로 약국을 나섰다.

그러던 어느 날, 다리가 불편한 할머니 한 분이 어린 손자의 손을 잡고 약국을 찾았다. 오는 길에 약국이 두 군데나 더 있었음에도 녀석이 굳이 이곳으로 가야 한다며 고집을 부렸다고 한다. 손주들과 함께 약국을 찾은 어른들은 '다른 심부름을 시킬 때는 꼼짝도 하지 않는 놈이, 요즘엔 약국 갈 일 없느냐고 먼저 묻는다'라며 그 비결을 궁금해하기도 했다.

심부름하는 모습이 기특해 작은 응원을 건넸을 뿐인데, 그 먼 길을 다시 찾아오다니… 왠지 마음이 더 쓰였다. 그 일을 계기로, 나의 관심은 고객을 넘어 그의 가족과 주변 사람들에게까지 향하게 되었다.

가화만사성家집 가, 和화할 화, 萬일만 만, 事일 사, 成이룰 성이라는 말이 있다. 가정이 화목해야 모든 일이 잘 풀린다는 뜻이다. 이 말을 경영에 적용하면, 구성원이 즐거워야 회사도 잘 돌아간다는 의미로 해석할 수 있다. 조직원이 살아야 회사가 사는 것이다. 이를 위해서는 구성원의 가족도 회사의 한 식구이자 조직원임을 잊지 말아야 한다.

어느 날, 상암월드컵경기장에서 열리는 축구 경기 관람권이 생겼다. 마침 시간이 맞는 구성원과 함께 이를 관람하게 되었는데, 구장을 가득 채운 사람들의 뜨거운 열기만으로도 그간의 스트레스가 풀리는 듯했다.

경기가 끝난 뒤 주차장으로 향하던 중, 구장 안에 있는 쇼핑센터가 눈에 들어왔다. 동행한 구성원에게 아내를 위한 선물을 하나 골라보라고 하자, '좋아하는 축구를 공짜로 관람했는데 선물까지 받는 것은 염치가 없다'라며 사양했다.

부부로 함께 살아가다 보면, 장미 한 송이를 건네는 일조차 쉽지 않다. 돈이나 시간이 부족한 경우도 있지만 대부분은 마음의 여유가 없어서 그렇다. 그래서 이런 기회에 작지만 따뜻한 선물을 건네면 어떨까 싶었다. 무엇보다 늦은 밤까지 회사에 헌신하는 구성원의 반려자에게, 개인적으로 감사의 마음을 전할 수 있는 뜻깊은 계기이기도 했다.

"여기서 밤샐 끼가? 퍼뜩 골라보소."

거듭된 권유에 난처한 표정을 짓던 그는 마침내 예쁜 티셔츠 하나를 골랐다. 얼마 후 사석에서 만난 그가 말했다.

"사장님! 아내가요, 회사 문 닫을 때까지 다니랍니다."

훌륭한 인재로 키워주셔서 감사합니다

아무리 바빠도 구성원의 결혼식이나 장례식 등 경조사는 빠지지 않고 참석하려 노력한다. 그리고 이때는 회사에서 마련한 공식적인 경조사비 외 개인적으로 마음을 담은 봉투를 하나 더 준비한다. 그런 순간을 통해서라도 진심을 전하고 싶은 생각에서다.

또한 구성원의 아이들을 만날 일이 있으면 고사리 같은 손에 용돈을 쥐여 주려고 항상 만 원짜리 신권을 따로 챙겨 둔다. 어린 시절, 주변 어른들께 받은 지폐 한 장이 안겨주던 그 소박한 행복을,

지금도 선명히 기억하고 있기 때문이다.

자신의 아이에게 용돈을 건네는 모습을 발견한 구성원들은 부리나케 달려와 만류하지만, 아이들의 얼굴에 번지는 맑고 환한 미소를 보는 것은 분명 또 다른 기쁨이자 큰 위로다.

어버이날이 되면, '이렇게 좋은 사람을, 훌륭한 인재로 키워주셔서 감사합니다'라는 뜻이 담긴 격려금을 구성원들에게 건넨다. 얼마 되지 않는 금액이지만 구성원들의 경제적 부담을 조금이라도 덜어주고 싶은 바람에서다. 평범한 직장인들에게 행사가 많은 5월은 '가정의 달'이 아니라 '가정 경제 파탄의 달'에 가깝지 않은가. 그래서인지 매해 5월 들려오는 말 또한 비슷하다.

"사장님, 우리 엄마가요. 이 회사 오래오래 다니래요."

이런 이야기를 들을 때마다, 구성원의 부모님이 우리 조직을 신뢰하고 있다는 확신이 든다. 내로라하는 대기업은 아니지만, 조직원들 또한 '가족이 인정하는 회사에 다닌다'라는 자부심을 느끼는 듯하여 괜히 어깨가 으쓱한 순간도 있다.

IT 업계는 이직률이 매우 높은 편이다. 하지만 우리 회사는 창립 이후 4년 동안 동종업계로 이직한 사람이 거의 없을 만큼 이탈률이 매우 낮다. 뿐만 아니다. 구성원이 자발적으로 주변에 회사를 소개하는 것도 모자라, 신실하고 유능한 인재를 알아서 데리고 온다. 좋은 사람이 좋은 사람을 불러오는 관계의 선순환이 이어진 결과다.

"장사란, 이익을 남기기보다 사람을 남기기 위한 것이다. 사람이야말로 장사로 얻을 수 있는 최대의 이윤이며, 신용은 장사로 얻을 수 있는 최대의 자산이다."

조선 후기 무역 거상 임상옥의 말처럼, 사람은 가치를 창조하는 최고의 무형 자산이자 가장 중요한 인적 자원이다. 특히 경영자에게 '사람'의 중요성은 아무리 강조해도 지나치지 않다. 한 사람이라도 더 남기기 위해 구성원들을 소중히 여기고, 그들이 최대한 능력을 발휘할 수 있는 환경을 조성해 줘야 한다. 그것이 바로 경영자가 갖춰야 할 기본적인 덕목이자, 건강한 조직 문화를 만드는 열쇠다.

누구에게나 고유의 빛이 있다

약국을 경영하며 고객을 맞는 순간마다 '내 눈앞에 있는 이 손님이 잘되었으면 좋겠다'라는 생각을 했다. 그 마음이 지금은 '이 구성원이 잘되었으면 좋겠다'로 이어지고 있다. 어찌 보면 고리타분한 도덕 교과서 같은 이야기지만, 사실이 그렇다. 집안이 화목하고 하는 일마다 잘 풀리는, 말 그대로 '잘되는 조직원'을 데리고 있는 경영자라면 그야말로 무슨 걱정이 있겠는가.

어느 일요일, 교회에서 가족 단위로 참여할 수 있는 행사가 열렸다. 마침 참석을 희망하는 구성원들이 있어 가벼운 마음으로 초대했다. 행사가 끝난 뒤에는, 주말임에도 시간을 기꺼이 내준 이들에게 감사의 인사를 전하며 일일이 배웅을 마쳤다. 주변을 정리하고 집으로 향하려던 찰나, 교회 관계자 한 분이 다가왔다. 그러더니 '아무래도 오늘 행사에 참석한 직원이 흘리고 간 것 같다'라며 지갑 하나를 건넸다.

예상대로, 지갑의 주인은 회사 여직원의 남편이었다. 그녀는 집에 도착하고 나서야 지갑이 없어진 걸 알았다고 한다. 그런데 막상 지갑을 주인에게 돌려주려고 보니, 여기저기 낡고 해진 흔적이 역력했다. 잠시 고민하다가 '이 과장은 대단히 능력이 있고 책임감이 강해 우리 회사에 꼭 필요한 사람이다. 이 점을 매우 고맙게 생각하고 있다'라는 내용의 쪽지와 함께, 십만 원짜리 수표 한 장을 지갑에 넣었다. 그리고 '지갑이 오래되어 보이니, 새 지갑을 장만할 때 보탬이 되었으면 한다'라는 메시지를 덧붙였다.

그런데 다음 날, 이 과장이 상기된 표정으로 찾아왔다. 우연히 시부모님이 계신 자리에서 남편의 지갑을 돌려주게 되었는데, 생각지도 못한 메시지에 깜짝 놀랐다고 한다.

"연애할 때 남편에게 선물한 지갑인데, 맞벌이로 바쁘게 살다 보니 그렇게 낡았는지도 몰랐어요. 사장님 말씀대로 이번 기회에 새 지갑을 사주려고요. 그 사람도 너무 좋아하고, 저도 오랜만에 제대로 고마움을 표현할 수 있게 되어, 정말 감사드립니다."

한껏 들뜬 이 과장의 얼굴을 보자 가슴이 따뜻해졌다. 그 작은 배려로 누군가가 진심으로 행복해하는 모습을 보니, 오히려 내가 더 큰 선물을 받은 기분이었다.

언젠가 신문에서 '직원들이 가장 듣고 싶은 말'에 대한 설문조사 결과를 본 적이 있다. 1위는 "수고했어. 역시 자네 최고야"라는 따뜻한 칭찬이었고, 2위는 "이번 일은 자네 덕분에 잘 끝났어"라는 감사의 말이었고, 3위는 "괜찮아, 실수할 수도 있지"라는 격려의 말이었다. 이를 보며 다시 한번 느꼈다. 인간의 마음은 거창한 보상이 아니라, 따뜻한 말 한마디로 움직인다는 것을.

사람은 누구나 장단점을 가지고 있다. 나 역시 마찬가지다. 그런데 대부분은 상대의 장점이 아닌 단점에 더 주목한다. 충분히 응원할 수 있는 상황에서도, 굳이 부족한 점을 들춰내 그나마 있던 장점마저 빛을 잃게 만든다.

인간은 타인의 평가를 통해 자신의 가치를 만들어가는 존재다. 그러니 서로에게 따뜻한 시선과 진심 어린 응원을 아끼지 말아야 한다. 특히 직장 상사의 칭찬은 '당신을 인정하고 믿는다'라는 신뢰의 메시지를 담고 있다. 이런 말을 들은 사람은 상대에게 실망을 주지 않기 위해, 더 큰 책임감과 노력으로 응답한다. 단점이 많던 사람도 그렇게 3년만 지나면 더 이상 잔소리할 일이 사라진다.

그래서 나는 틈날 때마다 조직원들의 칭찬거리를 찾는다. 억지로 꾸며낸 말은 어색한 농담처럼 들릴 수 있기에, 진심에서 우러나오는 말만 하려고 노력한다. 그러다 보면 주눅이 들어 늘 어둡던 사람의 얼굴에도 미소가 피어오르고, 감춰져 있던 고유한 빛이 서서히 드러나는 것을 볼 수 있다.

몇 해 전, 전혀 예상하지 못한 자리에서 우연히 고등학교 동창을 만났다. 무려 15년 만의 재회였다. 반가운 마음에 웃으며 손을 맞잡고 안부를 건넸는데, 친구의 첫 마디가 예술이다.

"야~ 니 와이리 폭삭 늙었노?"

겉으로는 웃고 넘겼지만, '15년 만에 만난 친구에게 오죽 할 말이 없으면 이런 이야기를 할까' 싶어 안타까운 마음이 들었다. 그리고 깨달았다. 말은 단순한 표현이 아니라, 그 사람이 세상을 바라보는 관점과 세계관을 담고 있다는 것을. 그렇다면 듣기만 해도 기분이 좋아지고, 엔도르핀이 돌게 하는 칭찬이 몸에 밴 사람은 그만큼 긍정적이라는 이야기가 아닐까?

물론 누군가를 칭찬하는 일이 때로는 입에 발린 인사나 형식적인 말처럼 보일 수 있다. 그럼에도 격려를 아끼지 않아야 하는 이유는, 그 말 한마디가 지닌 울림이 생각보다 크기 때문이다. 특히 인정받을 기회가 적은 사람일수록, 작지만 진심 어린 응원에 민감하게 반응한다. 자신이 존중받고 있음을 느끼는 순간, 일에 대한 태도가 달라지고 움직임에도 주체성이 생긴다. 자신을 믿어주는 한 명만 곁에 있어도, 어느새 기존과 다른 길을 걷기 시작한다.

사람을 성장시키고 싶은가? 그렇다면 주저하지 말고 격려하라. 칭찬은 미처 알지 못했던 마음에 용기와 열정을 불어넣고, 새로운 꿈을 꾸게 하며, 가능성을 심어주는 놀라운 힘을 가지고 있다. 그래서 나는 다른 회사의 뛰어난 인재를 부러워하기보다는, 내 식구를 더 큰 인재로 키울 수 있다는 믿음으로 오늘도 구성원들에 대한 응원을 아끼지 않는다. 한마디로, 칭찬은 사람을 바꾸고 조직을 움직이는 '강력한 성장의 언어'인 셈이다.

직장인 마인드 vs.
자영업자 마인드

나는 아직 '먹고사는 일'만큼 숭고한 행위를 알지 못한다. 그저 남과 다르지 않은 소박한 하루를 지키려, 그저 평범한 보통의 삶을 이어가려, '생계'라는 이름의 전장 속으로 묵묵히 몸을 던지는 이들을 무수히 많이 봐왔기 때문이다.

대표적으로 우리 부모님들이 그러했고, 마산의 이웃들이 그러했으며, 4.5평 남짓한 약국을 경영하던 나 역시도 그랬다. 물론 지금은 그 시절과 비교할 수 없을 정도로 안정된 삶을 누리고 있지만, 조직원들의 급여를 제때 지급하고 치열한 경쟁에서 살아남기 위해 여전히 고군분투 중이다.

이런 의미에서 보면, 우리는 매일 아침 일터로 출근하는 게 아니라 삶을 건 출정出나갈 출, 征정벌할 정을 하고 있는지도 모른다. 집을 나서는 그 순간부터 약육강식과 적자생존의 법칙이 지배하는 전쟁터에 발을 들이게 되니 말이다.

이 전장 앞에 선 사람들은 각자의 형편과 처지, 성향에 어울리는 무기를 챙겨 들고 자신만의 싸움을 시작한다. 하지만 무엇을 지켜내느냐에 따라 그 하루는 전혀 다른 의미의 무게를 지닌다. 그리고 바로 이 지점에서, 삶을 대하는 태도가 분명히 엇갈리는 두 부류의 사람이 모습을 드러낸다.

첫 번째는, 조직이라는 울타리 안에서 신분을 보장받고 정해진 수입을 기반으로 안정된 삶을 꾸려가는 직장인. 다른 하나는, 정글 한복판에서 직접 먹잇감을 찾아 나서며 생존을 스스로 책임지는 자영업자다.

1970~1980년대 우리의 기업 문화는 일방적으로 지시 사항이 전달되는 상명하복식 구조였다. 그래서 시키는 일을 묵묵히 수행하는 사람이 최고의 사원으로 인정받았다. 하지만 세월이 흐르고 시대가 바뀌면서 요구되는 마인드와 생존 방식도 크게 달라졌다.

오늘날의 기업은 구성원들에게 책임이라는 채찍과 권한이라는 당근을 동시에 부여하며 일의 주인이 되기를 요구한다. 트렌드를 읽어내는 거시적 안목과, 변화에 즉각 대응할 수 있는 민첩한 실행력도 필수다. 한마디로, 자영업자 마인드가 인정받는 시대가 온 것이다.

그렇다면 직장인과 자영업자의 가장 큰 차이점은 무엇일까? 그것은 바로, 시간이 전혀 다른 방향으로 흐른다는 점이다. 정말이지, 같은 세상에 살고 있지만 전혀 다른 시간 속을 걷고 있다고 해도 과언이 아닐 정도다.

일례로 직장인은 매월 급여일을 손꼽아 기다리지만, 자영업자는 매달 돌아오는 월급날이 무섭다. 우스갯소리 같지만 사실이다.

대부분 직장인은 급여가 정해져 있다. 이 말은 곧 조금이라도 더 받기 위해 애쓸 필요가 없다는 이야기다. 성과를 기대하며 발바닥에 땀 나도록 뛰는 사람이나, 온종일 사무실에 앉아 얼렁뚱땅 시간을 보내는 사람이나 약속된 날짜에 계약된 급여를 받는다. 그래서 직장인은 달력에 빨간 글씨가 많을수록 즐겁다. 덤처럼 주어지는 휴식과 재충전의 시간이 반가운 것이다.

자영업자는 다르다. 정해진 날짜에 약속된 금액을 지급하지 못하면 생존 자체가 위협받는다. 월세, 급여, 관리비는 물론 세금까지 빠져나갈 돈이 줄지어 기다리고 있다. 밥을 먹는 순간에도 잠을 자는 사이에도 돈은 모래시계의 모래알처럼 조용히 그러나 끊임없이 새어 나간다.

'일하지 않은 자, 먹지도 말라'는 말이 이토록 절실하게 와닿는 직군이 또 있을까. 자영업자는 말 그대로, 일하지 않으면 먹을 수도 없는 구조 속에 산다.

그래서 자영업자들은 끊임없이 일을 만들어낸다. 주위에서 '독한 놈'이라며 손가락질해도 아랑곳하지 않고, 365일 새로운 먹거리를 찾아 나선다. 이들은 문제가 발생해도 피하거나 돌아가는 법이 없다. 그렇게 매 순간 문제를 껴안고 돌파하는 과정에서 생각하는 힘이 붙고, 움직이는 방식이 달라진다. 스스로 길을 만들 줄 아는 사람으로 거듭나게 된다.

지금 우리 사회가 절실히 필요로 하는 것이 바로 이 자영업자 마인드다. 주체적으로 사고하고 능동적으로 움직이는 사람들 속에서, '무색무취' '무미건조'한 존재는 점점 설 자리를 잃어갈 것이다. 시대의 흐름을 읽지 못한 채 머뭇거리는 순간, 세상은 아무런 예고 없이 그들을 가장자리로 밀어내버릴 것이다.

그럼에도 평생 직장인 마인드로 살아온 사람이라면, 창업이나 사업에 대한 희망은 과감히 내려놓는 것이 현명하다. '시키는 일만 하겠습니다'라는 태도가 몸에 밴 이들에게 자율과 책임은 덤이 아닌 짐이 되기 쉽다. 안타깝게도 이미 패배하는 습관에 길든 탓이다. 이런 경우에는 매달 회사에서 나오는 급여를 받으며, 지금과 같은 안정적인 삶을 유지하는 편이 더 낫다.

반면, 자영업자 마인드를 가진 사람은 회사를 그만두고 다른 일을 시작하더라도 3년 이내에 성공할 가능성이 높다. 소비보다 축적에 집중하는 '플러스적인 생활 습관', 곧 성공하는 방식이 몸에 배어 있어 그렇다. 이런 마인드를 지닌 사람이 현재 직장 생활을 하고 있다면, 매달 급여를 받으며 실전 경영 수업을 듣고 있는 것과 같다. 이 얼마나 행복한 사회생활인가. 결국 스스로 생각하고 움직이는 습관을 기르는 것이 가장 중요하다.

여담이지만 초등학생인 둘째 딸은 어떤 현상을 보면 "이건 뭐야?" "저건 무슨 뜻이야?"라고 묻는 습관이 있다. 호기심이 왕성한 나이에 걸맞은 자연스러운 의구심이다. 하지만 나는 먼저 스스로 깊이 고민해 보고, 그래도 답을 찾지 못했을 때 질문하라고 말한다. 아니면 충분히 숙고한 판단이나 결론이 맞는지를 확인하는 식으로 질문을 던지라고 조언한다. 정답을 아는 것보다 그 이유를 찾아가는 사고의 과정이 훨씬 더 중요하기에 그렇다.

두 달란트, 다섯 달란트

조직의 규모가 커질수록 구성원들이 점점 게을러지고 안주하는 현상을 종종 보게 된다. 동료가 이뤄놓은 성과를 나눠 먹는 데만 급급한 기회주의자들이 하나둘 등장하기 시작하는 것도 이 무렵이다. 다른 사람이 애써 차려놓은 밥상에 염치없이 엉덩이를 비집고 들어앉는 거지 근성은 과감히 버려야 한다. 대신 그 자리를 베풀고 나누는 부자의 마인드로 채워야 한다. 돈도 사람을 보는 눈이 있어, 지지

리 궁상을 떠는 이보다 배포 있는 사람을 더 따른다.

마태복음에 나오는 이야기다. 여행을 앞 둔 한 부자가 집안의 종들을 불러 모았다. 그러더니 한 종에게는 다섯 달란트, 또 다른 종에게는 두 달란트, 마지막 종에게는 한 달란트를 맡기고 길을 떠났다.

다섯 달란트를 받은 종은 그 돈으로 장사를 하여 다섯 달란트를 더 벌었다. 두 달란트를 받은 종 역시 장사를 통해 두 달란트를 추가로 남겼다. 하지만 한 달란트를 받은 종은 그 돈을 땅에 묻어 두었다.

얼마의 시간이 흐른 후, 여행에서 돌아온 부자가 종들을 불러 모았다. 그러자 다섯 달란트를 받았던 종이 앞으로 나와 총 열 달란트를 내보이며 말했다.

"주인님, 당신이 주신 다섯 달란트로 장사를 하여 다섯 달란트를 더 벌었습니다."

그러자 주인은 기쁘게 말했다.

"잘했구나! 작은 일에 충성하였으니, 내가 너에게 더 많은 것을 맡길 것이다."

두 달란트를 받은 종도 앞으로 나와 말했다.

"주인님, 당신이 두 달란트를 주셨는데, 보십시오! 제가 두 달란트를 더 남겼습니다!"

주인은 그에게도 칭찬을 건넸다.

"잘했구나, 착하고 충성된 종아! 너도 나와 함께 먹고 마시자."

마지막으로 한 달란트를 받은 종이 조심스레 앞으로 나와 말했다.

"주인님, 저는 당신이 엄격한 사람이라고 들었습니다. 그래서 행여 주신 돈을 잃을까 두려워 달란트를 땅에 묻어 두었습니다. 이것은 원래 당신 것이니, 이제 다시 받으시옵소서."

하지만 주인의 대답은 냉담했다.

"너는 참으로 게으른 종이로구나. 내가 엄격한 사람이라는 것을 이미 알고 있었다면, 최소한 그 돈을 맡겨 이자라도 남기는 게 옳지 않느냐? 그에게서 한 달란트를 빼앗아 열 달란트를 가진 자에게 주어라. 무릇 있는 자는 더욱 풍족하게 되고, 없는 자는 있는 것마저 빼앗기리라 마태복음 25:29. 그리고 이 쓸모없는 종을 당장 어두운 바깥으로 내쫓아라!"

만약 다섯 달란트와 두 달란트를 받은 종이 그 모든 것을 잃었더라도, 주인은 분명 이들의 용기 있는 시도에 아낌없는 응원을 보냈을 것이다. 주인이 진정으로 원한 것은 현상 유지가 아닌, 실패를 두려워하지 않는 도전 정신이었기 때문이다. 결국 주인이 꾸짖은 것은 단순한 실패가 아니라, 아무것도 하지 않은 채 달란트를 땅에 묻어 버린 종의 게으름과 무책임이었다. 주어진 가능성을 제 손으로 묻어 버린 안일함을 책망한 것이다.

결과적으로 이 이야기의 핵심은 '얼마나 많은 이윤을 남겼느냐'가 아니라, '주어진 달란트를 어떻게 잘 활용하고 발전시켰느냐'에 있다. 많은 달란트가 있음에도 어리석은 종처럼 그것을 땅에 묻어 두어서는 안 된다. 자신을 더욱 의미 있는 존재로 만들고 자아를 실현하기 위해서는 주어진 재능을 적극적으로 사용하고 가꾸어야 한다.

혹시 두려움과 게으름이라는 흙더미 속에 소중한 달란트를 묻어 둔 채 살아가고 있지는 않은가? 아니면 그것을 잃을까 두려워 감히 손대지 못한 채 방치하고 있는 건 아닌가?

중요한 것은 달란트의 크기가 아니다. 그것을 어떻게 쓰고, 얼마나 발전시키느냐가 진짜 실력이며, 인생을 가르는 기준이 된다. 그러니 지금 당장, 묻어 두었던 달란트를 꺼내라. 아직은 서툴고 어색할지라도 이를 과감히 사용해 보라. 행동하는 순간 잠들어 있던 달란트가 깨어나고, 멈춰 있던 삶도 비로소 움직이기 시작할 것이다.

노력의 마일리지

유신 반대 시위와 최루탄의 매캐한 냄새가 뒤엉킨 가운데 대학 시절을 보냈다. 비록 시위의 선두에 서지는 못했지만, 집회만큼은 한 번도 빠지지 않았고 참석했다. 그런데 집회 현장에서 부자나 사회적으로 성공한 이들을 향해 별다른 이유 없이 돌을 던지며 비난하는 친구들을 종종 보았다.

물론 그들의 말처럼 불법적인 방법으로 부를 쌓은 사람도 분명 존재할 것이다. 하지만 나는 대부분의 성공은 성실한 노력과 정당한 과정을 통해 이루어진다고 믿었다. 그들이 어떻게 부를 일궜는지 정확히 알지 못하지만, 그 이유를 찾아내기 위해 노력하다 보면 나도 언젠가는 그 자리에 설 수 있을 거로 생각했다. 미처 발견하지 못했을 뿐, 내게도 분명 고유한 달란트가 있으리라 확신했다. 나를 바꿀 수 있는 사람은 오직 나 자신뿐임을 늘 마음에 새겼다.

만약 그때 내가 무분별한 질시와 비난의 대열에 휩쓸렸더라면, 지금도 여전히 그 자리에 서서 성공한 사람들을 부러운 눈으로 바라보고 있었을지도 모른다.

인간은 본래 자신보다 나은 환경에서 더 뛰어난 능력을 발휘하는 이를 보면 시기와 질투를 느끼기 마련이다. 하지만 타인의 허점을 들추는 데 몰두하면, 정작 자신이 해야 할 일을 잊기 쉽다. 지금 우리가 해야 할 것은 나보다 뛰어난 누군가를 인정하고, 그들을 넘어설 수 있도록 묵묵히 자신을 단련하는 일이다.

학원 사업을 하다 보면, 상위권 대학에 집착하는 학생들을 마주하게 된다. 물론 학생으로서 학업에 충실하고 최선을 다하는 것은 중요하다. 좋은 대학이 더 나은 삶을 위한 디딤돌이 될 수 있다는 점도 부정하지 못한다. 그러나 대학은 우리 삶의 일부분일 뿐, 종착역이 아니다. 인생을 결정짓는 절대적인 기준도 될 수 없다.

실제로 대학 졸업장이 없어도 나보다 훨씬 뛰어나고 지혜로운 사람들을 수없이 봐왔다. 그들은 항상 실수 대신 깨달음을, 후회 대신 배움을, 좌절 대신 성장을 품는다. 그렇게 오늘의 고단함을 내일의 자산으로 바꾸어간다.

예전부터 조직원들에게 자주 하는 말이 있다.

"어제와 똑같은 오늘을 절대 뿌듯하게 생각해서는 안 된다. 오늘도 어제 하던 그대로였다면, 오히려 부끄러워해야 한다. 어제와 비교해 단 1퍼센트라도 달라진 오늘을 살았다면, 한 달 후에는 조금 변화된 자신을 발견하고, 6개월 후는 더욱더 발전된 모습을 경험하게 될 것이다."

진짜 중요한 것은 어제보다 한 걸음이라도 나아가려는 마음가짐이다. 매일 작은 실천으로 쌓은 '노력의 마일리지'야 말로, 가능성을 현실로 전환하는 가장 구체적이고 실질적인 방법이다.

'인생 뭐 있냐, 삶은 한 방이다'라고 말하는 사람들이 있다. 하지만 그 한 방은 결코 내 것이 아니다. 굉음을 내며 질주하는 화려한 스포츠카보다 튼튼한 나의 두 다리가 더 소중한 이유도 여기에 있다. 막연히 '내가 이렇게 살 사람이 아닌데'라고 생각하는 이들에게 성공은 늘 남의 이야기일 수밖에 없다.

특히 부정적인 생각에 지배당한 사람은, 할 수 있는 이유를 찾지 않고 그것을 할 수 없는 변명만 늘어놓는다. 이런 마인드를 가지고 있으면 어제보다 오늘이, 오늘보다 내일이 더 힘들고 어려워진다. 암초가 두려워 배를 띄우지 못하면 새로운 세상을 만날 수 없는 것과 같은 이치다.

무탈한 내일을 위해

　1983년 약국을 시작한 후, 지금까지 단 한 번도 '경기가 좋다'라는 말을 들어본 적이 없다. 하지만 이런 와중에도 무섭게 성공하는 이들은 늘 존재한다. 어제와 다른 오늘을 위해 부지런히 뛰어다닌 사람들 앞에만 나타나는 기회를 놓치지 않은 결과다. 아무리 경기가 좋아도 방구석에 가만히 앉아 있는 사람에게까지 그 혜택이 돌아갈 리 만무하다.

　애벌레가 화려한 날개를 달고 하늘로 비상하기 위해 고통스러운 변태 과정을 견디듯, 우리 역시 무탈한 내일을 위해 오늘의 어려움을 이겨내야 한다. 인생을 살면서 단 한 번의 실패도 겪지 않은 사람이 있다면 그는 아마도 극히 운이 좋거나, 애초 아무것도 시도하지 않은 사람일 가능성이 크다.

　나 역시 20~30대 시절, 무수한 좌절을 겪었다. 열 번의 시도 중 성과로 이어진 건 고작 두세 번에 불과했다. 처음에는 무척 실망했지만, 나머지 여덟 번의 실패를 내일의 성공을 위한 '기회비용'이라 생각하며 버텼다.

　가령 뜨거운 커피인지 모르고 덥석 마셨다가 입을 덴 경험이 있다면, 다음부터는 찻잔을 손으로 살짝 만져 온도를 미리 확인하는 습관을 들이는 식이다. 실패는 그렇게 다음 시도를 더 현명하게 만드는 가장 현실적인 안내서였다.

과거의 내가 오늘의 나를 만들었듯, 미래의 나는 오늘의 내가 만들어간다. 지금껏 어떤 모습으로 살아왔는지는 중요치 않다. 오늘을 어떻게 바꾸느냐는 전적으로 나의 선택이자, 자유이며, 의지에 달렸다.

무엇보다 용기란, 심기일전한 상태가 아니라 두려움에도 불구하고 무언가를 시도하고 행동함을 의미한다. 시도해야 과정이 생기고, 과정을 거쳐야 죽이 되든 밥이 되든 결과가 나온다. 결국 인생은 능력이 아니라 용기로 살아내는 것이다.

행동이 유일한
언어가 되는 순간

과거 우리 사회는 창의적이고 진취적인 인재보다, 기계처럼 움직이며 조직에 잘 순응하는 사람을 더 선호했다. 물불 가리지 않는 강한 정신력으로 조직이 정한 목표를 향해 몸을 던지는 이들이 이상적인 인물로 여겨지며 많은 대우를 받았다. 국가 발전과 사회 안정이라는 명분 아래 개인의 희생은 당연시되었고, 구성원은 마치 장기판의 말처럼 누군가의 손에 의해 이리저리 옮겨지기 일쑤였다. 군대 문화도 크게 다르지 않았다.

당시 군대는 매우 엄격한 상명하복上위 상, 命명령 명, 下아래 하, 服복종할 복, 상명하달上위 상, 命명령 명, 下아래 하, 達통할 달 문화가 지배하고 있었다. 군

생활을 오래 한 의무대 선임하사는 특히 일방적인 지시에 매우 익숙한 사람이었다. 그의 말은 곧 법과 같았고, 아무리 부당한 지시를 내려도 감히 이의를 제기하거나 쉽게 항의할 수 없었다. 이에 나는 그가 원하는 대로 졸卒마칠 졸이 되었다가 때로는 포包쌀 포나 차車수레 차가 되어야 했다.

그중에서도 가장 견디기 힘든 것은 상사의 무시였다. 아무리 효율적인 방법을 제시해도 선임하사는 '네가 뭘 아느냐?'라는 한마디로 일축했다. 이처럼 폐쇄적인 조직에서 새로운 생각이나 시도는 이상한 짓, 쓸데없는 노력, 혹은 분란의 불씨로 취급되기 쉽다. 문제를 일으키는 말과 행동은 삼가라는 압력이 사방에서 밀려들고, 웅덩이를 흐리는 미꾸라지로 낙인찍히기도 한다.

그러나 나는 생각 없이 움직이는 장기판의 말이 되고 싶지 않았다. 흙탕물을 일으키는 미꾸라지로 치부되는 것은 더더욱 원치 않았다. 이에 아주 작고 사소한 일이라도 자율권을 주면, 이전보다 두세 배 더 큰 성과를 내기 위해 최선을 다했다. 지시받은 일은 물론, 지시받지 않은 일까지 찾아내어 깔끔하게 처리했다.

물기 하나 없는 거친 바위틈에서도 풀은 자란다. 변화를 거부하며 굳게 닫혀 있는 조직도 눈에 보이는 성과 앞에서는 반응할 수밖에 없다. 역시나, 자율권을 줬을 때와 그렇지 않을 때의 결과가 확연히 다른 것을 확인한 상사들은 하나둘 기회를 주기 시작했다. '맡겨

두면 뭐든 알아서 잘하는 놈'이라고 여겼던 듯싶다. 이처럼 말이 닿지 않는 자리에서는, 행동이 유일한 언어가 되기도 한다.

그렇게 6개월이 지나자, 웬만한 일은 자의적으로 처리할 수 있는 분위기가 형성되었다. 휴식 시간도 없이 시키는 일만 꾸역꾸역하던 머슴 같은 생활에서 벗어나, 잠깐이지만 쉴 수 있는 여유도 생겼다. 말 그대로 자유가 주어진 것이다. 이 경험을 통해, 세상에 절대 변하지 않는 사람과 환경은 없다는 사실을 깨달았다.

전환점을 만드는 법

20여 년간 외국계 기업에서 경영진으로 일하다 은퇴한 한 유명 CEO는 언론과의 인터뷰를 통해 '우리 기업 문화에서 가장 시급히 개선해야 할 것은 솔직한 커뮤니케이션'이라고 말한 바 있다. 이는 단지 직장에만 해당하는 이야기가 아니다.

일례로 부모는 아이에게 "공부나 제대로 해"라고 말하고, 상사는 부하 직원에게 "시키는 일이나 잘해"라는 식으로 지시한다. 이런 표현은 사실상 대화의 단절을 선언하는 것이며, 상대의 자율성과 창의성을 억누르는 지름길이다.

이처럼 폐쇄적이고 경직된 분위기에서는 '문제 제기'라는 단어 자체가 문제를 일으키는 경우가 많다. 문제를 지적하면 '분위기를 흐린다' '예민하다' '건방지다'라는 비난을 듣거나, '말한 사람이 책임지라'며 괜한 일을 떠맡게 되기도 한다. 이런 경험이 반복되면, 하고 싶은 말이 있어도 참는 편이 낫다는 분위기가 형성된다. 차라리 군대처럼 '생각은 하지 말고, 시키는 대로만 하자'라는 식의 수동적 태도가 자연스럽게 똬리를 튼다.

선장이 배를 잘못된 항로로 이끌고 있다고 상상해 보자. 선원들 모두 배의 방향이 잘못되었다는 걸 알고 있지만, 독단적인 선장의 눈치를 살피느라 감히 누구 하나 입을 열지 못한다. 그렇다고 광활한 바다 한가운데서 뛰어내릴 수도 없는 노릇이니, 그저 침묵 속에 표류할 뿐이다.

이럴 때는 각자의 자리에서 자신이 할 수 있는 일을 조용히 해내야 한다. 누군가는 낡은 지도를 다시 펼치고, 또 다른 누군가는 나침반을 꺼내 방향을 재설정하는 식이다. 무거운 침묵 속에서도 방향을 바로잡으려는 작은 몸짓들이 모일 때, 배는 비로소 올바른 길로 나아갈 수 있다.

의무대 약제병으로 복무하던 어느 날, 휴가를 앞둔 선임병이 약제실로 찾아와 작은 가방 하나를 내밀었다. 무슨 뜻인지 몰라 어리둥절한 표정을 짓자, 약제병들이 휴가를 나갈 때마다 가족에게 선물할 약품을 챙겨가는 게 일종의 관행이라는 설명이 돌아왔다. 이런 사실도 당황스러웠지만, 더 큰 문제는 따로 있었다. 행여 무슨 일이 생기면 이에 대한 책임은 오롯이 후임들이 떠안아야 했던 것이다.

'잘못된 관행이 아닌가?' 하는 의문이 들었지만, 하극상의 결과는 폭력으로 돌아올 게 불 보듯 뻔하다. 애써 불편한 마음을 숨기며 선임병의 지시를 따랐다.

얼마 후 또 다른 선임병이 가방을 들고 약제실로 찾아왔다. 선임병들의 기분을 상하게 하지 않는 선에서 애교를 부리고, 나름 사정도 하며 조심스레 난처한 처지를 내비쳤다. 그렇게 조금씩, 가방을 가득 채우던 약품 수량을 줄여나갔다.

'잘못된 관행을 근절할 방법은 없을까?' 고민하던 중 휴가일이 다가왔다. 세면백이라도 하나 들고 나가면, 동료들은 으레 그것을 약가방이라고 여길 것이다. 불필요한 오해를 애초에 차단하기 위해, 보란 듯 빈손으로 연병장을 걸어 나왔다.

'어라, 저놈은 약제병이면서 빈손으로 휴가를 나가네?' 병사들의 의아한 시선이 느껴졌지만, 아무 일 없다는 듯 밝은 얼굴로 인사를 마치고 부대를 나섰다.

이후 후임 약제병들에게도 "휴가 때, 약을 챙겨 나가는 짓은 하지 마라. 그 약이 가족들에게 작은 선물이 될지 몰라도, 너희 인생에는 결코 도움이 되지 않는다"라고 틈날 때마다 강조했다.

솔선수범한 덕분인지, 후임병들 역시 빈손으로 휴가를 나가기 시작했다. 가방을 들고 약제실을 찾아오는 선임을 만나면 후임병들의 사례를 이야기하며, 반출량이라도 줄여달라고 부탁했다. 이 말에 모두 동의하지는 않았지만, 분명 휴가를 나가는 선임병들의 가방이 어느 정도는 가벼워지고 있었다. 그리고 선임들이 하나둘 제대하자, 약을 빼돌리는 관행은 완전히 자취를 감췄다.

우수천석雨비 우, 垂드리울 수, 穿뚫을 천, 石돌 석이라는 말이 있다. 끊임없이 떨어지는 빗방울이 결국 단단한 돌을 뚫듯, 아무리 답답하고 어려운 상황이라도 돌파구는 분명 존재한다. 다만 시간이 걸릴 뿐이다. 중요한 건 포기하지 않고 계속하는 힘과 꺾이지 않는 마음이다. 작지만 일관된 실천은 언젠가 반드시 변화를 만들어낸다.

나의 가장 큰 자산, 신용

장사하는 사람의 '밑지고 판다'라는 말, 어르신들의 '늙으면 빨리 죽어야지'라는 말, 중국집에서 흔히 들을 수 있는 '지금 막 출발했어요'라는 말을 우스갯소리로 3대 거짓말이라고 한다. 이런 거짓말쯤은 일상의 애교로 웃어 넘길 수 있다.

문제는 상황을 모면하거나 이익을 챙기고자 할 때, 혹은 우월감을 드러내기 위해 너무도 쉽게 거짓말을 한다는 데 있다. 오죽하면 '현대인은 평균 8분마다 거짓말을 한다'라는 연구 결과가 있을 정도다.

어쩌면 세상에서 가장 쉽고도 어려운 일 중 하나가 '있는 그대로 말하는 것' 또는 '사실대로 이야기하는 것'이 아닐까 싶다. 거짓보다 진실을 말하는 게 더 무서운 이유는, 아마도 자신의 실수와 부족함을 인정할 용기가 필요하기 때문일 것이다.

가끔 거짓말을 능력으로 착각하는 이들을 본다. 그들은 남을 속인 일을 무용담처럼 떠벌리며, 속아 넘어간 사람을 '어리석다'라고 비웃는다. 아마도 그들은 신의와 신뢰, 품성과 인간성 등 인생에서 가장 본질적인 가치들이 거짓말과 함께 무너지고 있다는 사실을 모르는 듯하다. '날던 새도 떨어뜨린다'라던 권력자들의 몰락 역시 이런 보이지 않는 진실의 균열에서 시작되는 경우가 많다.

아이러니한 건, 거짓말을 밥 먹듯 하는 사람일수록 타인의 정직함에 더 민감하게 반응한다는 점이다. 이들은 상대가 조금만 수상해도 '사기꾼 같은 놈'이라며 눈을 부라리고 흥분한다. 뭐 눈에는 뭐만 보인다고, 세상 모든 사람이 사기꾼처럼 보이는 모양이다. 그 누구도 믿지 못하고 의심해야 하는 삶이라니, 이 얼마나 각박하고 외로운가. 참으로 안쓰러운 인생이다.

물론 그들 역시 우리 같은 사람을 답답하게 여길 것이다. 꼼수와 편법, 변칙과 편의주의에 익숙한 이들에게는 법과 절차를 지키는 과정이 한없이 느리고 답답하게 보이기 때문이다. 로비만 잘하면 일주일에 끝낼 수 있는 일을 6개월이나 붙잡고 있으니, 한숨이 나오는 것도 당연하다.

일례로 세금도 그렇다. 1만 원의 수입이 생기면 그중 3천 원은 세금이고 나머지 7천 원은 회사의 몫이다. 한마디로 세금은 피할 대상이 아니라 지혜로운 관리가 필요한 항목이라 할 수 있다. 합법적인 절세만 고민한다면 아깝게 여길 이유도 없다.

문제는 '내 돈을 빼앗긴다'라는 생각이 드는 순간이다. 은근슬쩍 탈세의 유혹이 고개를 드는 시점이기도 하다. 그도 그럴 것이 수입이 1만 원일 때는 세금이 3천 원에 불과하지만, 1천만 원이 되면 300만 원, 1억 원이 되면 3천만 원이다. 세금만 줄여도 꽤 큰 돈을 손에 쥘 수 있을 것 같은 착각이 들기 쉽다.

탈세를 통해 당장 눈앞의 이익은 늘어날 수 있지만, 그것이 언제 부메랑이 되어 돌아올지는 아무도 모른다. 어느 날 불쑥, 당신과 회사를 단단히 옭아매는 족쇄가 될 수도 있다.

정직으로 가는 길은 절대 빠르지 않다. 오히려 멀고 험난하며, 지루하고 외롭기까지 하다. 그러나 그 길의 끝에는 반드시 신뢰라는 이자가 따라온다. 위험을 줄이고 기회를 넓히며 결과적으로는 더 많은 것을 얻게 해준다.

무엇보다 정직하게 살아가는 사람의 삶은 평온하다. 그리고 바른 길을 가는 이들 중에서 방향을 잃은 사람을 아직 본 적이 없다.

네 가지 금기 사항

우리 회사에는 네 가지 금기 사항이 있다. 첫째, 아닌 것을 맞다고 말하지 말 것. 둘째, 맞는 것을 아니라고 하지 말 것. 셋째, 작은 것을 크게 과장하여 말하지 말 것. 넷째, 큰 것을 축소하여 말하지 말 것. 어렵고 복잡하게 표현했지만 한마디로 '정직하라'라는 뜻이다.

엠베스트 회원 수가 약 8만 8천 명에 이르렀을 즈음, 언론용 보도 자료를 준비하던 홍보 담당자가 물었다.

"회원 수를 10만 명이라고 할까요?"

"우리 회원 수가 10만 명이나 되나?"

"아닙니다. 현재 8만 8천 명입니다. 하지만 이 정도는 반올림해서 말하는 게 관행입니다."

"10만이 안 되는데, 왜 외상을 할라고 그라노?"

일반적으로 기업에서 어떤 수치를 발표할 때, 보통 10~20퍼센트 정도는 반올림한다. 하지만 처음부터 숫자를 부풀려 말하면, 그걸 감추기 위해 또 다른 거짓말을 해야 한다. 회원 수가 정말 10만 명이 되었을 때, 12만 명이라고 해야 하는 것이다. 거짓말이 거짓말을 낳다 보면, 기억력의 한계 때문에라도 언젠가는 들통나게 되어 있다.

반면, 비록 조금 부족하더라도 있는 그대로 말하면 대외적 신뢰를 얻을 뿐만 아니라 10만이라는 목표를 이루기 위해 더 열심히 노력하게 된다. 그렇게 두 달 반 후 우리는 정확히 10만 명의 회원을 유치할 수 있었다.

카센터를 방문했을 때의 일이다. 마침 먼저 도착한 손님이 정비사와 상담 중이기에, 조용히 의자에 앉아 차례를 기다렸다. 그런데 나의 상식으로는 도무지 이해할 수 없는 이야기가 두 사람 사이에서 오가는 것을 듣게 되었다.

"법인 카드로 결제할 예정이니, 이것저것 다 손봐주세요. 이럴 때 아니면 언제 고쳐요."

"걱정하지 마세요. 다 알아서 해 드릴게요."

정말이지 적잖은 충격을 받았던 기억이 난다. 나는 가끔 법인 카드를 사용하기에 앞서 잠시 망설일 때가 있다. 식사한 상대가 동창인 동시에 고객일 경우 그렇다. 개인적으로는 친구지만 사업적으로는 거래처다. 이에 개인 카드와 법인 카드 중 어떤 것을 사용하는 게 맞는지 생각하는 것이다.

이 모두가 보수적인 신앙생활과 엄격한 가정교육 덕분이다. 어린 시절, 나는 사소한 거짓말이라도 들키는 날이면 한 끼 금식을 하거나 따끔한 회초리를 맞아야 했다. 무섭고 냉정한 부모님의 훈육이 야속할 때도 있었지만, 덕분에 정직은 내 몸에 자연스럽게 스며들었다. 그리고 이는 내 삶에 가장 든든한 자산인 신용을 쌓는 데 결정적인 밑거름이 되었다.

정직은 예금통장처럼 하루하루 성실하게 쌓아야 하는 자산과 같다. 시간이 흐를수록 신용과 믿음이라는 확실한 이자를 남기며, 어떤 실패 앞에서도 다시 시작할 수 있는 든든한 기반이 되어 준다.

비즈니스 세계에서 정직의 가치는 더욱 분명하게 드러난다. 신뢰를 주지 못하는 사람과 거래를 해본 적 있는가? 매번 상대의 말을 의심해야 하고, 사실관계를 확인해야 하니 여간 피곤한 게 아니다. 업무상 한두 번 마주할 수는 있지만 그런 사람과 지속적인 관계를 이어 나가는 것은 무리다. 조금 느리고 답답해 보여도 결국 믿을 수 있는 이에게 일을 맡기게 된다. 특히 요즘처럼 믿을만한 사람이 귀한 세상에서는 더욱 그렇다.

경영자에게 정직은 회사 전체의 문화를 좌우하는 핵심 가치이기도 하다. 경영자는 믿을 수 있는 구성원에게 중요한 일을 맡기고, 조직원은 신뢰할 수 있는 리더를 따라 자발적으로 움직인다. 서로 감추거나 의심할 게 없으니 불필요한 잡념이 사라지고, 자연스럽게 일에만 집중하게 된다. 이것이 바로 정직을 가장 큰 경쟁력이자 확실한 안전장치라 부르는 이유다.

적군도 아군으로
만드는 비법

 스마트폰의 저장 기능 덕분에 전화번호를 굳이 외울 필요 없는 시대가 되었다. 가끔 전화기에 저장된 연락처 목록을 들여다보면 나를 스쳐 간 사람들, 내가 스쳐 지나온 사람들의 얼굴이 하나둘 떠오르곤 한다. 그 속에는 참으로 다양한 인연들이 담겨 있는데, 사람 관계만큼 쉽고 복잡한 것도 없는 듯하다.
 직장인 열 명 중 일곱 명은 업무보다 인간관계에서 더 큰 스트레스를 받는다는 통계가 있다. 우리나라에 거주하는 외국인들 역시 가장 힘든 점으로 대인관계를 꼽는다. 한국 사회에서는 합리적인 판단이나 규정보다 인맥과 연줄을 통해 문제를 해결하려는 경향이 강하기 때문이다.

그래서일까. 실력이나 능력을 키우기보다 인맥 하나 넓히는 게 더 유리하다는 말이 공공연히 회자된다. 개인적으로 이에 동의하지는 않지만 관계의 중요성만큼은 부인할 수 없다. 그리고 이렇게 중요한 관계 속에서 우리는 원치 않는 적을 만들기도 한다.

요즘 언론을 통해 '해외로 첨단 기술을 불법 유출하려다 적발되었다'라는 뉴스를 자주 접한다. 이런 산업 스파이 사건은 매년 늘어나고 있는데 그중 85퍼센트가 내부 직원의 소행이라고 한다. 이럴 때마다 문득 떠오르는 말이 있다. "가장 무서운 적은 내부에 있다"가 바로 그것이다.

불과 어제까지 함께 웃고 울던 동료가 상처를 입고 마음을 돌리는 순간, 신뢰는 배신으로 바뀌고 상황은 극단으로 치닫는다. 신뢰가 무너지는 계기는 대개 돈과 승진처럼 민감한 문제에서 비롯되는 경우가 많다. 대표적인 예가 바로 연봉이다.

우리 회사에서는 연봉 협상이라는 말 대신, 연봉 조정이라는 표현을 쓴다. 의미는 비슷하지만 그 단어가 주는 어감이 사뭇 달라서 그렇다. '적과 협상한다'라는 말은 들어봤어도 '적과 조정한다'라는 말은 들어본 적 없지 않던가.

말 그대로 협상 Negotiation 은 주로 대립 또는 경쟁적인 관계에서 사용되는 개념으로, 상반된 이해관계를 지닌 두 당사자가 서로의 요구를 조율하며 합의를 이끌어내는 과정을 의미한다. 한마디로 이익을 주고받으며 타협점을 모색하는 '대립적 조정 방식'이라 할 수 있다. 반면, 조정Mediation은 대립이 아닌 조화와 타협을 전제로 한 접근 방법이다. 각자의 입장과 상황을 이해하고 '균형 있는 합의점'을 찾아가는 과정인 셈이다. 일례로 '우리 회사' '우리 조직원'이라는 말에는 단순한 소속감을 넘어, 같은 울타리 안에서 함께 호흡하며 살아가는 공동체의 정서가 담겨 있다. 상호 이해와 배려를 바탕으로 서로의 사정을 충분히 고려할 수 있는 관계가 가능한 것이다.

물론 연봉을 조금이라도 높이려는 구성원과 얼마라도 낮추려는 회사의 입장이 일치하긴 어렵다. 그럼에도 내가 생각하는 건강한 노사관계란 이렇다. 다소 이상적으로 들리겠지만, 회사는 구성원의 상황을 고려해 조금이라도 더 챙겨주려 하고 조직원 역시 회사 사정을 생각하여 양보하려는 자세를 갖는 것. 그렇게 서로를 이해하고 조율하는 과정을 통해 균형 있는 합의점, 즉 적정선을 찾을 때 진정한 윈-윈win-win이 가능해진다.

이런 관점은 고객과의 관계에도 그대로 적용된다. 사람은 누구나 자기 말에 고개를 끄덕여 주고 마음을 알아주는 이에게 끌리기 마련이다. 하물며 돈을 지급하고 서비스를 받는 고객이라면 그 기대는 더 클 수밖에 없다. 따라서 고객의 입장을 먼저 이해하고 공감하며 도움을 주려는 태도가 중요하다. 그제야 비로소 고객과 나, 양쪽 모두를 만족시킬 수 있는 해답이 보이기 시작한다. 결국 고객 만족은 '서비스의 끝'이 아니라 '관계의 시작'을 만드는 열쇠인 셈이다.

미국의 한 학자에 따르면, 한 사람이 평생 긴밀한 관계를 유지할 수 있는 사람은 약 250명 내외라고 한다. 이는 합리성과 개인주의가 강한 미국 사회를 기준으로 한 수치이기에 학연·지연·혈연이 촘촘하게 얽힌 우리나라에서는 이보다 더 높아질 가능성이 크다.

어찌 되었든, 이 논리에 따르면 한 사람과 좋은 관계를 맺는 일은 그가 품고 있는 250명과도 인연을 잇는 셈이다. 반대로 한 사람과 등을 돌리는 순간, 그만큼의 관계망에서도 멀어지게 된다.

고객과의 관계도 다르지 않다. 한 명의 고객이 느낀 만족은 순식간에 수십 또는 수백 명에게 퍼져나가지만, 반대로 실망하면 그만큼의 마음을 잃게 만들 수도 있다. 지금 내 앞에 앉아 있는 사람이, 250명을 대표하는 얼굴이라고 생각해 보라. 과연 그를 함부로 대할 수 있겠는가?

무엇보다 타인은 나를 비추는 거울이다. 거울을 향해 으르렁거려 봤자 그 모습은 고스란히 자신의 몫으로 되돌아올 뿐이다. 각자의 목적과 이익도 중요하지만, '너'와 '나'가 아닌 '우리'라는 개념을 중심에 놓는다면 충돌 대신 균형을 찾고, 경쟁 대신 공존을 선택할 수 있게 된다. 그렇게 서로를 이해하고 배려하는 태도는 적조차 평생의 후원자로 바꿔 주는 지혜이며, 어떤 전략이나 기술보다 값진 삶의 원천이다.

우리는 흔히 끝이라고 말하지만…

1999년, 학원 사업을 시작하기 위해 마산 생활을 정리하고 가족과 함께 서울로 삶의 터전을 옮겼다. 대학 시절 잠시 서울에 머문 적 있었지만, 마흔을 넘어 다시 마주한 이곳의 공기는 여전히 낯설고 어색하게 느껴졌다.

무엇보다 한창 학업에 집중해야 할 딸들이 있는 상황, 아내 혼자 집안일과 타향살이를 감당하기에는 다소 무리라는 생각이 들었다. 이에 가사 도우미의 지원을 받기로 결정, 조선족 아주머니 한 분을 소개받았다.

그런데 무슨 일인지 그녀는 첫날부터 잔뜩 경계심에 싸인 모습이었다. 말투와 표정, 행동 하나하나에 조심스러움이 묻어났고 마치 보초를 서는 병사처럼 연신 주변을 살피기도 했다. 사정을 듣고 보니 그녀의 경계심도 나름대로 이해가 되었다.

그녀는 중국에서 초등학교 교장을 지낸 엘리트였지만, 극심한 생활고를 겪을 만큼 본국의 경제 사정은 열악했다고 한다. 그런 그녀에게 '한국에 가면 큰돈을 벌 수 있다'라는 말은 마지막 희망이자, 유일한 탈출구였다.

큰 기대를 안고 한국에 건너온 후 식당, 여관, 공장 등 때와 장소를 가리지 않고 누구보다 성실히 일했지만, 돌아온 건 고용주의 언어폭력과 노동 착취뿐. 시간 외 근무는 기본, 임금 체납은 일상이었고 급여를 떼인 적도 여러 번이었다고 한다. 그렇게 상처만 안고 우리 집에 오게 되었으니 쉽게 마음을 열지 못하는 게 당연하다.

먹고살기 위해 고향을 떠나온 그녀를 보고 있노라니, 1970년대 오일머니를 벌기 위해 중동 건설 현장으로 떠났던 우리네 아버지들의 얼굴이 떠올랐다. 사람 위에 사람 없고, 사람 아래 사람 없다지만 모두 내 마음 같지는 않은 모양이다.

약국을 경영하던 시절부터 '내 집에 온 사람에게는 최선을 다하자'라는 철학을 가슴에 새기며 살아왔다. 그래서 약국을 찾은 고객에게도, 내 집에 발을 들인 사람에게도 언제나 진심과 정성을 다했다. 오랜 세월 곁을 지켜온 아내는 물론 그런 모습을 보고 자란 아이들 역시 이런 마음을 누구보다 잘 알고 있다.

이에 우리 가족은 은인과도 같은 그녀가 더는 상처받지 않도록 조심스럽게 그러나 진심을 담아 다가가려 노력했다. 사업에 몰두하느라 가정에 소홀한 나를 대신해 집안을 살뜰히 챙기고, 낯선 서울살이에 지친 아내와 아이들의 든든한 버팀목이 되어줄 사람이다. 이런 그녀가 은인이 아니라면 누구를 은인이라 부를 수 있겠는가.

　진심은 결국 통하는 법일까. 그녀는 아주 천천히 마음의 문을 열기 시작했다. 그리고 어느새 아내에게는 마음을 터놓을 수 있는 언니 같은 벗이, 두 딸에게는 이모처럼 다정한 사람으로 자리 잡았다. 피 한 방울 섞이지 않았지만 마음으로 이어진 가족이 된 셈이다.

　3년이 흐른 어느 날, 그녀가 본국으로 돌아가게 되었다. 당사자에게는 더할 나위 없이 기쁜 일이었지만, 우리 가족에게는 커다란 빈자리를 남기는 이별이라 아쉬움을 금하기 어려웠다.

　출국일이 정해지자 남은 시간이 얼마 남지 않았다는 생각에 마음이 급해졌다. 이에 우리는 주말마다 그녀와 함께 백화점, 대공원, 남산을 돌며 소중한 추억을 쌓았고, 출국 2주 전부터는 미리 새 도우미를 구해 집안일에서 완전히 손을 떼게 했다. 그동안의 노고를 조금이나마 풀고 가시라는 의미에서다.

　마지막으로 감사의 마음을 담아 3년 치 퇴직금을 준비해 드리자, 그녀는 눈시울을 붉히며 연신 고마움을 전했다. 하지만 정말 감사해야 할 쪽은 오히려 우리였다. 그녀의 따뜻한 헌신이 없었다면 낯선 서울 생활이 이토록 순탄하긴 어려웠을 것이다.

　얼마 후, 중국으로 돌아간 그녀에게서 반가운 안부 전화가 걸려왔다. 식구들이 돌아가며 정신없이 인사를 나누던 것도 잠시, 이내

국제 전화 요금이 걱정되었다. 당시만 해도 통화료가 만만치 않았기에, 다음부터는 수신자 부담으로 전화를 걸어 달라고 당부하며 우리는 그렇게 인연을 이어갔다.

그러던 어느 날, 우리 집에서 새로운 가사 도우미를 구한다는 이야기를 들은 그녀가 한국에 있는 지인을 통해 믿을 만한 사람을 소개해 주었다. 이렇게 소개받은 아주머니와 2년 정도 함께 생활했을 무렵, 정부에서 대대적인 불법체류자 단속 및 본국 송환을 예고하는 발표가 이루어졌다.

걱정스러운 마음에 단속 기간만이라도 우리 집에서 생활하기를 권했지만, 그녀는 끝내 사양했다. 혹시라도 갑작스레 본국으로 떠나게 되면 작별 인사조차 나누지 못할까 염려되어 지난 2년 치 퇴직금을 미리 정산해 드렸다. 그럼에도 뉴스에서 '불법체류자 단속'이라는 단어가 나올 때마다 가족의 얼굴에는 그늘이 깊어졌다.

다행히 그녀는 별 탈 없이 우리와 1년 반을 더 함께한 후 고국으로 돌아가게 되었다. 작별의 날, 그녀에게도 덕분에 가족 모두 편하게 지낼 수 있었노라는 감사의 인사와 함께 정성껏 준비한 퇴직금과 선물을 건넸다.

그리고 현재 우리 집 살림은 첫 번째 아주머니의 친동생이 맡아 주고 있다. 멀리 중국 랴오닝성 무순에서 우리 가족의 안녕을 기원하는 그녀 덕분에 또 한 번 소중한 인연을 만나게 된 것이다. 믿을 만한 사람 구하기가 하늘의 별 따기라는 요즘, 이토록 신뢰할 수 있는 인연이 있다는 게 그저 감사할 따름이다.

만난 사람은 반드시 헤어지기 마련이라는 회자정리會모일 회, 者사람 자, 定정할 정, 離떠날 리라는 말처럼, 우리는 늘 누군가를 만나고 또 이별하며 살아간다. 이런 사람들과 언제, 어디서, 어떤 모습으로 다시 마주하게 될지는 아무도 알 수 없다. 무엇보다 모두가 '끝'이라고 생각하는 그 순간, 새로운 인연이 시작되는 경우가 무수히 많다.

조직원도 다르지 않다. 회사에 대해 좋은 기억을 품고 떠난 사람은 어떤 방식으로든 긍정적인 영향을 미친다. 그래서 좋은 이별은 마침표가 아니라 다음을 위한 쉼표에 가깝다.

미련 없이 보내야 돌아올 자리에 여백이 생기고, 후회를 내려놓아야 새로운 인연이 들어설 자리가 마련된다. 어제의 이별이 내일의 가능성을 앗아가지 않도록, 오늘도 우리는 '잘 헤어지는 법'을 배워야 한다. 헤어짐을 단정히 마무리할 줄 아는 사람만이 더 나은 만남을 품을 수 있다.

우는 아이
떡 하나 더 준다

'튀어야 산다'라는 말을 증명하듯, 유쾌하고 기발한 간판들이 곳곳에서 눈에 띈다. 어느 중국집은 '진짜루'라는 이름으로 웃음을 자아내고, 신당동의 한 떡볶이 가게는 '알아버린 며느리'라는 재치 있는 문구로 이목을 끈다.

이제는 간판조차 고객의 눈길을 사로잡기 위해 먼저 말을 걸고, 웃음을 유도하며, 기억에 남고자 분투하는 시대다. 그만큼 사람들의 관심은 귀해졌고 이를 붙잡기 위한 경쟁은 어느 때보다 치열하다. 말하지 않으면 보이지 않고, 보이지 않으면 존재하지 않는 세상이 된 탓이다.

'우는 아이 떡 하나 더 준다'라는 속담이 있다. 정말 그렇다. 세상은 침묵하는 이의 가능성보다, 목소리를 낸 이의 용기를 먼저 본다. 그러니 나를 알리기 위해, 주변의 관심을 끌기 위해 더 큰 소리로 울어야 한다.

혹시, 아기들이 걸음마를 시작할 때의 모습을 본 적 있는가? 아기들은 수없이 넘어지고 계속 몸이 뒤집혀도 굴하지 않고 사력을 다해 궁둥이를 들어 올린다. 허투루 하지도, 대강 넘기지도, 운에 기대지도 않는다. 그 비틀거리는 한 걸음을 위해 젖 먹던 힘을 쏟는다. 아마 그때의 기운으로 인생을 산다면 안 되는 일이 없을 것이다.

그러니 원하는 것이 있다면 주저하지 말고 손을 뻗어라. 적극적인 아이, 용기 내어 소리친 아이, 부끄러움을 이겨낸 아이만이 눈물과 콧물이 범벅된 떡이라도 입에 넣을 수 있다.

자존심보다 생존이 먼저다

고등학교 3학년 시절, 잠시 의대 진학을 고민했었다. 하지만 6년에 이르는 긴 재학 기간과 비싼 등록금이 발목을 잡았다. 과외로 학비와 생활비까지 감당해야 하는 고학생에게 의대는 말 그대로 사치였다. 결국 차선책으로 약대를 선택했다. 경제적인 독립이 시급한 터, 약사 면허증만 있으면 곧바로 자영업이 가능하다는 점도 결정에 큰 영향을 미쳤다.

입학 후 신입생 오리엔테이션에서 '한 학기에 한 번, 1만 원을 무이자로 대출해 준다'라는 학자금 융자 제도를 안내받았다. 동기들은 마치 자신과 상관없는 일이라는 듯 무심히 앉아 있었지만, 나는 사정이 달랐다. 썩은 동아줄일지라도 반드시 붙잡아야 할 처지였기에, 그 작은 기회조차 허투루 넘길 수 없었다.

문제는 신청 절차였다. 지도교수님의 추천 도장이 필요했고, 서류도 복잡했다. 금액에 비해 번거로운 과정이 부담이었던지, 형편이 비슷한 친구들도 관심을 보이지 않았다. 아마도 힘든 사정을 주위에 알리고 싶지 않은 자존심도 한몫했을 것이다. 하지만 나는 자존심보다 생존이 더 급했다. 당장 먹고살아야 하는데, 체면이 무슨 소용인가. 떡만 얻을 수 있다면 목이 터져나가라, 동네가 떠나가라 큰 소리로 울 각오가 되어 있었다.

매 학기 초가 되면 가장 먼저 학생처에 들러 학자금 대출 신청 서류를 챙겼다. 그러고는 곧장 지도교수님을 찾아가 융자가 필요한 이유를 차분히 설명한 뒤, 마음속으로 수없이 되뇌었던 말을 조심스레 꺼내 들었다.

"교수님, 죄송하지만… 또 한 가지 부탁드릴 게 있습니다. 혹시 가정교사 자리가 나오거든 주선 좀 해 주이소."

학자금 대출은 그저 나라는 사람의 존재를 알리고, 필요한 도움을 받기 위한 하나의 도구에 불과했을 뿐, 교수님을 찾아간 목적이 바로 여기에 있었다.

이렇게 받은 융자금은 한 푼도 쓰지 않고 바로 다음 날 전액 상환했다. 등록금에 크게 보탬이 되는 금액도 아닐뿐더러, 가뜩이나 쪼들리는 살림에 빚지는 행위 자체가 부담스러워서다. 대신 부족한 학비와 생활비는 아르바이트로 성실히 메워나갔다.

3학년 2학기, 행정실 게시판에 지도교수님이 나를 찾는다는 공지가 붙었다. 서둘러 찾아간 연구실에서 교수님은 전혀 예상치 못한 말씀을 건네셨다.

"이래저래 고생이 많지? 이번 학기엔 자네를 장학생으로 추천하려 하네. 어려운 환경에서도 학업에 열의를 잃지 않는 학생에게 기회를 줘야 하지 않겠나."

아르바이트로 생활비를 감당하는 것도 한계에 다다른 시점이었기에, 교수님의 말씀은 그야말로 구원의 손길처럼 느껴졌다. 감사한 마음에 머리가 땅에 닿도록 몇 번이고 인사를 드린 뒤, 벅찬 마음으로 연구실을 나섰다. 그런데 이야기는 거기에서 끝나지 않았다. 4학년 무렵, 생각지도 못한 1년 전액 장학금을 받게 된 것이다. 모두 지도교수님의 추천 덕분이었다.

돌이켜 보면, 이 모든 시작은 1만 원짜리 융자 신청서 한 장에서 비롯되었다. 누구에겐 사소하게 여겨졌을 그 작은 행동 하나가 대학 생활의 흐름을 바꿔놓은 셈이다.

'나는 왜 이런 집에서 태어났을까?' '동기들은 캠퍼스의 낭만을 즐기는데, 왜 나만 매일 아르바이트에 쫓겨야 할까?' 만약 그렇게 신세 한탄만 하며 시간을 흘려보냈다면, 또 '1만 원 한 장 받겠다고 지도교수를 찾아가 사정을 설명해야 하는 내 모습이 초라하다'라는 이유로 학자금 대출을 포기했다면, 그토록 간절했던 기회는 오지 않았을 것이다. 나는 오히려 '얼마나 절박하면 매 학기 도장을 받으러 찾아올까?' 교수님이 측은하게 여기며, 한 번이라도 더 나라는 존재를 눈여겨봐 주시길 바랐다. 그래서 그 누구보다 열심히 떡 하나 달라고 울고 또 울었다.

세상에서 가장 무서운 게 무관심이다. 천하에 둘도 없는 명검이라도 칼집 속에만 머물러 있으면 날을 세울 기회를 얻지 못한다. 아무리 아름다운 진주라도 조개 속에 갇혀 있으면 그 가치를 인정받기 어렵다. 그러니 능동적으로 자신을 알리고 드러내는 것을 두려워하지 마라. 적극적으로 손을 들고 목소리를 내며 기회를 향해 나아가라.

우리가 진짜 부끄러워해야 할 것은 가난이 아니라 이목이나 자존심 따위에 얽매여 눈앞의 가능성을 흘려보내는 태도다. 체면을 지키다 놓치는 건 어쩌면 기회가 아니라, 나 자신일지도 모른다.

버스 노선 유치 작전

앞서 말했듯, 교방동은 시내버스 한 대 다니지 않는 외진 곳에 자리하고 있었다. 교통이 얼마나 불편했는지, 동네 사람들이 모이면 빠지지 않고 등장하는 화제 가운데 하나가 바로 버스 노선 문제였을 정도다. 어른들이 불편한 것은 차치하고, 늦은 밤 귀가하는 아이들에 대한 걱정이 이만저만이 아니었다.

그날도 어김없이 시내버스를 두고 열띤 대화가 이어지던 중, 누군가 푸념 섞인 목소리로 말했다.

"약사님요, 아무리 그래도 우리 동네에 버스 하나 없는 건… 너무한 거 아잉교?"

생각해 보니 그랬다. 산동네나 달동네도 아니고, 거주 인구가 적지도 않다. 그렇다고 주민들이 넋 놓고 앉아 탁상공론만 하고 있었던 것도 아니다. 벌써 몇 년 전부터 꾸준히 시청에 민원을 넣어왔지만, 변한 건 아무것도 없었다. 이야기가 나온 김에 '버스 노선 유치 작전'을 실행에 옮기기로 했다.

먼저 뜻을 같이하는 사람 중 문서 작성이 능한 이에게 진정서를 부탁했다. 버스 노선이 왜 필요한지, 얼마나 많은 주민이 불편을 겪고 있는지 등 가능한 객관적이고 상세하게 사유를 정리하여 시청에 제출했다.

그러고는 버스 노선 유치에 관심을 보이는 주민이 찾아오면, 마산시 운수과 전화번호를 알려준 후 약국 전화로 곧장 민원을 넣도록 도왔다. 그렇게 약국은 주민들의 염원을 하나로 모으는 버스 노선 유치 작전 본부이자 지휘소가 되어갔다.

어느덧 한 달, 이제 남은 건 실무 책임자와의 대면뿐이다. 동사무소 사무장에게 면담을 요청하자 동네 어귀에 있는 다방에서 만나자는 답변이 돌아왔다. 약속 당일, 30여 명의 주민과 함께 다방을 찾았다. 어수선한 분위기도 잠시, 나는 사무장을 일부러 주민들 한가운데 앉힌 뒤 차분히 입을 열었다.

"사무장님, 여기서 잠시만 기다려 주이소. 저희 대표자들이 직접 시청으로 가서 협상하고, 바로 연락드리겠습니다."

황당한 표정을 감추지 못하는 사무장을 뒤로하고, 나를 포함한 대표단 다섯 명은 시청 운수과로 찾아갔다. 사람들의 갑작스러운 방문에 운수과장 또한 당황하는 기색을 보였지만, 개의치 않고 곧장 본론을 꺼냈다.

"지금 교방동 다방에 버스 노선 문제로 항의하는 주민들이 모여 있습니더. 아무리 진정서를 내고 항의 전화를 해도 대답이 없어가, 시장실을 점거하기 전에 대표자들이 먼저 찾아온 기라예. 교방동사무소 사무장님도 거 계시니, 함 확인해 보이소."

사실 시장실을 점거하거나 무력을 행사할 생각은 추호도 없었다.

다만 주민들의 결의가 그만큼 강력하다는 걸 우회적으로라도 전달하고 싶었을 뿐이다.

운수과장은 마을 대표자들의 눈치를 살피며 서둘러 다방으로 전화를 걸었다. 기다렸다는 듯 전화를 받은 사무장은 다급한 목소리로 '사태가 매우 심각하니, 버스 노선을 만들어줘야 할 것 같다'라고 이야기했다. 다수의 주민에게 둘러싸여 진땀을 흘리던 사무장에게는 정말 심각한 상황이었을 것이다.

마침내 우리는 운수과장으로부터 '바로 조처하겠다'라는 확답을 받았다. 그리고 정확히 2주 뒤, 교방동을 경유하는 시내버스 노선이 신설되었다. 고성방가도, 물리적 충돌도 없이 기대 이상의 결과를 만들어낸 것이다.

우리는 그렇게 목소리를 내는 법을 배웠고 행동이 결과를 만든다는 사실을 다시 한번 증명해 냈다.

매일 성공하는 사람 vs. 매일 실패하는 사람

이제 막 걸음마를 시작하는 아기들은 일어서는 법부터 익히지만, 이상하게 어른이 되면 주저앉는 법을 다시 배우는 듯하다. 특히 실패를 자주 겪을수록 변화를 두려워하고, 새로운 것에 대한 거부감으로 한 걸음 내딛는 일조차 머뭇거리기 쉽다. 망설임과 후회의 악순환은 그렇게 시작된다.

  세상에 포기만큼 쉬운 일도 없다. 도전하는 것보다 한발 물러서는 게, 노력하는 것보다 체념하는 게 훨씬 편하고 수월하다. 굳이 장애물이나 사람과 부딪힐 일도 없고 낙오에 대한 두려움에서도 멀어질 수 있으니 말이다.

  하지만 진짜 실패는 넘어짐이 아니라, 도전 자체를 멈추는 순간 시작된다. 넘어지면 다시 일어설 수 있지만, 포기하는 순간 모든 가능성의 문이 닫힌다. 우리가 정말 경계해야 할 것은 쓰러짐이 아니라, 다시 일어서려는 마음과 용기를 잃는 일이다.

  그래서일까. 주변을 살펴보면 매일 성공하는 사람과 매일 실패하는 사람은 태도에서부터 확연한 차이를 보인다. 매일 성공하는 사람은 작은 성취도 기쁘게 받아들이는 자세가 몸에 배어 있다.

  일례로 '지각하지 않겠다'라는 다짐을 지키고 제시간에 출근했다면, 그 자체를 하나의 '성공'으로 여기고 상쾌한 하루를 시작하는 식이다. 반면, 매일 실패하는 사람은 큰 성공을 이루고도 늘 부족하다고 느낀다. 그리고 습관적으로 '…때문에'라는 핑계를 찾는다.

  결국, 성공과 실패를 가르는 건 결과가 아니라, 이를 대하는 태도와 마음가짐이다. 작은 성공이라도 스스로 인정하고 기꺼이 누릴 줄 아는 사람만이, 진짜 성장의 길로 들어설 수 있다.

대학교 4학년 시절, 「경영학 원론」이라는 책을 열 번 이상 반복해 읽으며 경영에 대한 꿈을 키워갔다. 이와 같은 비전이 있었기에, 대한민국에서 가장 작은 약국을 운영하면서도 '경영한다'라는 마음을 가질 수 있었다.

엠베스트도 마찬가지다. 널리 알려진 것처럼 2000년 창립된 메가스터디는 손주은 회장이 전력을 다해 일군 땀의 산실이다. 당시 나는 그 곁에서 부사장으로 묵묵히 힘을 보태고 있었다. 그렇게 회사가 성장 가도를 달리던 2002년 말, 중학생들을 대상으로 한 교육 사업을 구상하며 독립을 결심했다.

당시만 해도 온라인 교육 플랫폼은 대부분 고등학생을 핵심 타깃으로 삼았고, 중학생은 집중력이 부족하다는 이유로 시장성이 떨어진다는 평가를 받았다. 아무래도 중학생은 온라인보다 오프라인 수업이 효과적이라는 인식이 팽배하던 시기였다.

따라서 중학생을 대상으로 한 사업을 준비한다고 했을 때, 사람들은 하나같이 의아한 반응을 보였다. 언제나 흔들림 없는 응원을 보내주던 가족조차도 '탄탄한 회사의 부사장이 낫지 않겠느냐'라며 만류할 정도였다. 굳이 불확실한 시장에 뛰어들어 모험할 이유가 무엇이냐는 이유에서다.

주변의 만류에도 불구하고 메가스터디에서 책상 두 개를 빌려 창업을 감행했다. 책상만 덩그러니 놓인 사무실에 앉아 있노라니,

4.5평에서 시작한 육일약국이 떠올랐다. 그랬다. 엠베스트의 출발은, 육일약국과 조금도 다르지 않았다.

회원은커녕 강사와 조직원도 없는 상태다. 당시 나는 엠베스트의 CEO이자 첫 번째 회원이었고, 구성원인 동시에 유일한 홍보요원이었다. 그렇게 출발한 회사에 조직원과 강사가 생기고 마침내 회원들이 더해졌다. 책상 두 개에서 시작된 그 작은 움직임이 오늘의 비상을 가능케 만든 것이다.

엠베스트는 창립 8개월 만에 중등 온라인 교육 부문 1위에 올랐고, 창업 4년 만에 20배 성장을 이루었다. 그리고 2006년 11월, 마침내 모회사인 메가스터디와 합병하며 시가총액 1조 원이 넘는 기업으로 우뚝 섰다.

승자의 안목

약사로 출발한 내가 제조업체를 거쳐 현재 온라인 교육 사업에 몸담고 있다. 연결고리가 전혀 없는 이력을 보며 사람들은 '성공 요인' 또는 '변화의 원동력'을 묻는다. 오늘 이 자리에 설 수 있었던 이유는 단 하나, 실패하는 습관은 버리고 성공하는 습관을 매일 실천해 왔기 때문이다.

새가 날기를 무서워하면 둥지를 떠날 수 없고, 물고기가 헤엄치기를 두려워하면 드넓은 바다를 볼 수 없다. 천 리 길도 한 걸음부터라고, 작은 성공을 반복하다 보면 어느 순간 큰 성공에 대한 감각과 노하우가 생긴다. 도저히 감당할 수 없을 것 같은 일들도 계속 시도하다 보면 용기가 솟는다. 그리고 어느 순간 '해볼 만하다'라는 자신감이 덤처럼 따라온다.

씨줄과 날줄을 엮여야 천을 짤 수 있듯, 질과 양이 함께 축적되는 과정을 통해 우리는 어떤 도전 앞에서도 흔들리지 않는 내공을 갖게 된다. 중요한 것은 성공의 크기에 연연하지 않고, 새로운 경험과 축적의 시간을 차곡차곡 쌓아가는 것이다.

부정적인 생각, 게으름, 거짓말, 시기심, 고정관념 등은 조용하지만 치명적으로 우리의 생장점을 갉아 먹는 파괴자와 같다. 이 성장의 파괴자는 앞으로 나아가려는 나를 끊임없이 끌어내리며 주저앉히려 한다. 적당히 생각하고, 되는 대로 실행하고, 얼렁뚱땅 넘어가게 만든다. 이런 나태함과 맞서 싸워 이기고, 삶의 디테일 하나하나를 승자의 안목으로 바꾸어보자. 그렇게 쌓인 경험과 성과는 누구도 훔쳐 갈 수 없는, 오직 당신만의 든든한 '성공 자산'이 된다.

새로운 일을 시도할 때마다 '무모하다'라는 말이 그림자처럼 따라붙었다. 하지만 지금까지 나는 주변에서 '안 된다'라고 단정 지은 일의 절반 이상을 현실로 만들어왔다. 문제는 단 한 번에 성공한 적이 없다는 것이다.

나는 그동안 쏟아부은 시간과 노력이 아까워서라도 쉽게 포기하지 않는다. 단 몇 퍼센트의 가능성이라도 보이면 될 때까지 물고 늘어진다. 주어진 길이 없으면 만들어서라도 끝까지 간다. 세상은 원래, 먼저 걸은 사람의 발자국을 따라 지도가 그려지는 법이다.

그러니 '안 된다'라고 단정 짓는 사람들의 목소리에 휘둘리지 마라. 한두 번 넘어졌다고 그 자리에 주저앉을 이유도 없다. 온몸이 흙투성이가 되어도 목적지에 도착하면 그만이다. 아니, 깨끗한 모습으로 중도 포기한 사람보다, 만신창이로 결승선을 통과한 사람에게 더 큰 박수가 쏟아진다.

불요불굴不아닐 불, 撓꺾일 요, 不아닐 불, 屈굽을 굴이라는 말이 있다. '꺾이지 않고, 굽히지 않는 마음'을 뜻하는 이 사자성어는, 시련과 고난에 부딪히더라도 끝내 무너지지 않는 단단한 태도의 중요성을 말해준다.

진짜 강한 사람은 흔들리지 않는 사람이 아니라, 파도가 요동치는 와중에도 중심을 잃지 않고 방향을 놓치지 않는 사람이다. 그러니 흔들리되, 꺾이지 마라. 남들보다 늦었다는 말에 조급해하지 마라. 더럽게 구겨진 하루일지라도, 끝내 다시 펴서 걷는 자만이 '완주자'라는 이름을 얻는다.

chapter
3

이윤보다
사람을 남기는 장사를 하라

'위기의 얼굴'을 하고
나타나는 기회

약국을 경영하던 중, LG전자에 청소기 부품을 납품하는 1차 협력 업체 '영남산업'을 인수하게 되었다. 이를 본 사람들은 '약사가 뜬금 없이 무슨 제조업을 하느냐'라며 고개를 갸우뚱거렸다.

상황이야 어찌 되었든 막상 제조업에 뛰어들고 보니, 현실은 예상보다 훨씬 더 험난했다. 제조업이라는 게 그렇다. 노력과 정성에 비해 마진율은 턱없이 낮고, 끊임없는 설비 투자가 요구된다. 매출도 신통치 않은 상황에서 막대한 비용을 들여 생산 설비를 교체하다 보면, 손해를 감수해야 하는 일도 비일비재하다. 큰 이윤을 기대하기 어려운 장사라는 말이 그야말로 피부에 와닿는다.

게다가 현장에서 일하는 사람들의 헌신이 너무 크다. 열악한 근무 환경과 고된 노동에도 묵묵히 제품을 만들어내고, 수출을 통해 외화를 벌어들이는 근로자들의 모습을 보면 '진짜 애국자는 이런 사람들이 아닐까?' 하는 생각이 들곤 했다.

그런 이들을 잘 먹고 잘 살게 만들려면 무엇보다 물량 확보가 시급하다. 이름 없는 애국자들에게 든든한 울타리가 되어주기 위해서라도 기필코 많은 물량을 받아야만 한다.

청소기 한 대를 조립하려면 수백 개의 부품이 필요하다. 관련 부품을 납품하는 협력업체 측면에서 보면, 개중 수익을 내는 부속품도 있지만 인건비조차 건지기 어려운 품목도 적지 않다. 하도급 업체들이 치열한 물밑 경쟁을 벌이는 이유는, 바로 이 복잡하고 불균형한 단가 구조 속에서도 어떻게든 살아남기 위함이다.

이런 상황에서 구성원들은 새로운 대표의 부임을 분위기 전환의 기회로 삼고 싶었던 듯하다. 몇몇이 서둘러 LG전자 관계자들과 가벼운 식사 자리를 마련하겠다고 나선 것을 보면. 단순한 인사 차원이라면 굳이 마다할 이유가 없다. 하지만 구성원들이 바라는 게 로비나 인맥이라면 제대로 실망할 것이다. 이는 내가 지향하는 바가 아니기 때문이다.

영남산업을 인수하는 순간부터 향응이나 접대가 아닌 정성과 품질, 그리고 정확한 납품일로 승부를 보겠다고 마음을 먹었다. 이것이 바로 내가 일하는 방식이자 지금까지 버텨온 생존 전략이다.

마침 LG전자에서도 윤리경영을 강조하며 접대나 선물을 일절 받지 않는다는 소식이 들려왔다. 반가운 마음에 정공법을 쓰기로 결심하고, 조직원들에게 다른 업체들이 맡지 않으려고 하는 아이템을 적극적으로 받아오라고 일렀다.

"아이고마, 사장님 요즘 누가 그런 일 할라 합니꺼. 그렇게 사업했다간 울 공장 문 닫습니데이. 남들보다 더 잘 해줘도 물품을 받을까 말까 한데, 지금 뭐 하는 깁니꺼?"

가뜩이나 약사 출신이라 미덥지 못한데 품만 팔고 돈도 되지 않는 아이템을 잡아 오라고 하니, 조직원들이야 반가울 리 없다.

그런 불만들을 뒤로한 채, 경쟁업체들이 취급하지 않으려는 부품으로 하나둘 아이템을 늘려나갔다. 아마 경쟁사들은 수익은 나지 않고 손이 많이 가는 아이템을 대신 처리해 주는 영남산업을 고맙게 생각했을지도 모른다. 하지만 최후에 웃는 자가 진정한 승자라는 말도 있지 않던가. 누가 웃게 될지는 지켜볼 일이다.

얼마 지나지 않아 내부에서 볼멘소리가 하나둘 터져 나왔다. '이러다 회사 망한다'라는 이야기까지 들려왔다. 불신 가득한 조직원들을 마주할 때마다 "우리한테 자꾸 발을 담그게해가 LG전자를 늪에 빠뜨리는 기다. 글케 한 번 넣은 발은 절대 쉽게 빼지 몬한다"라고 설득했다. 일명 '늪 작전'이었다.

불과 6개월 만에, 원청업체인 LG전자의 시선이 달라지기 시작했다. 사실 LG전자 입장에서도 자잘한 품목들은 처리가 애매한 '계륵' 같은 존재였을 것이다. 청소기를 만드는 데 반드시 필요한 품목이지만, 쉽게 맡으려는 이가 없어 나름 애물단지였을 터다. 그런데 이런 어려움을 먼저 헤아리고 골치 아픈 사안을 알아서 처리해 주는 업체가 등장했으니 어찌 반갑지 않겠는가.

아니나 다를까. 원청업체에 별다른 부탁을 하지 않았는데도 수익성 높은 아이템이 하나둘 흘러들어오기 시작했다. 우리에게 스며들어 쉽게 발을 빼지 못하도록 만들겠다는 전략이 맞아떨어진 것이다.

역설적으로 상황이 복잡하고 어려울수록 정공법은 강한 힘을 발휘한다. 다소 답답해 보일지라도 신념을 잃지 않고 정도를 걷다 보면, 반드시 그 진가를 알아보는 사람이 나타난다. 우리가 해야 할 일은 단 하나, 그 진가가 드러날 때까지 지치지 않고 묵묵히 걸어가는 것뿐이다.

그렇게 영남산업은 업계 4위에서 1위로 도약했고, 내가 경영하던 3년 동안 4배 이상의 성장률을 달성했다.

약국이 자리도 잡지 못한 상태에서 장학금을 준다고 했을 때, 인적이 드문 마산역 앞에 대형약국을 오픈하려고 할 때, 영남산업을 인수했을 때, 그리고 엠베스트를 시작할 때 가장 많이 들었던 말이 바로 '시기상조'였다. 하지만 그들이 한계를 볼 때 나는 가능성을 보았고, 그들이 불가능을 말할 때 할 수 있다는 신념을 가졌다.

이처럼 주위의 만류를 뿌리치고 무언가를 시작하는 사람에게는 기필코 성공하고 말겠다는 엄청난 결심과 에너지가 샘솟는다. '안 된다' '불가능하다' '시기상조다'라는 말을 뒤집기 위해, 자신의 선택이 옳았음을 입증하기 위해, 두세 배 아니 그 이상의 노력을 기울인다. 어떤 장애물도 두려워하지 않고 돌파하려 들며, 의심과 불안을 밀어내고 그 자리를 확신과 믿음으로 채우려 발버둥 친다. 바로 이 과정에서 남다른 경쟁력이 생기고 성공 신화가 시작되는 것이다.

가끔 내게 이런 말을 건네는 사람들이 있다.
"항상 그렇게 긍정적인 마인드로 생활하니, 별다른 근심 걱정은 없으시겠습니다."

나 역시 희로애락을 느끼는 평범한 사람이다. 아무리 굳은 의지를 끌어올리려도 용기가 바닥날 때가 있고, 권투 선수처럼 링 위에 하얀 수건을 던지며 포기를 선언하고 싶은 순간도 있다. 무엇보다 가장 가까운 가족조차 만류하는 일을 독단적으로 추진하는 건 절대 쉬운 일이 아니다.

약국에서 제조업체 그리고 온라인 교육 사업까지 필드를 변경하며 전혀 다른 분야로 발을 내디딜 때마다, 그만큼 늘어나는 조직원들과 가족에 대한 책임감으로 밤잠을 설친 날이 많았다. 하지만 오히려 혼자가 아니었기에, 그 어떤 상황에서도 쉽게 멈출 수 없었다. 위기가 닥칠 때마다, 판단의 오류를 불러오는 날 선 신경을 가라앉

히고 올바른 선택을 할 수 있는 정신을 놓치지 않기 위해 마음을 다잡았다. 좌절하거나 원망하는 대신 부족함을 보완하는 절호의 기회로 삼으려 애썼다.

그 결과 어지간한 상황에는 휘둘리지 않고 사람에 흔들리지 않는 대범함과 담박함을 얻게 되었다. 그럼에도 불안과 두려움이 고개를 들 때면 늘 되새기는 말씀이 있다.

"마음을 강하게 하고 담대히 하라. 두려워 말며 놀라지 말라. 네가 어디로 가든지 네 하나님 여호와가 너와 함께 하느니라 여호수아 1장 9절."

고 백 베이징 스테이션! Go back Beling station

영남산업 사장으로 취임한 지 세 달쯤 지났을 무렵, LG전자에서 한 통의 공문이 도착했다. 자사가 주관하는 중국·일본 견학 프로그램이 있는데, 협력업체 대표로 참가하라는 내용이었다. 아직 제조업이 익숙지 않던 터, 해외 업체 견학은 견문을 넓힐 좋은 기회다. 게다가 그것은 생애 첫 해외여행이기도 했다.

참가 인원은 총 열두 명. 당시 서울에 거주하는 사람은 나 하나, 나머지 열한 명은 모두 경남에 있었다. 이에 그들이 김해공항에서 출발해 김포공항으로 이동, 이곳에서 나와 합류한 후, 중국 톈진으로 떠날 계획을 세웠다.

마침내 출국 당일, 나는 예정 시간보다 먼저 김포공항에 도착했고, 이내 열한 명의 일행도 모습을 드러냈다. 모두가 들뜬 분위기 속에서 출국 수속을 밟던 중, LG전자 담당자가 컨설팅 회사 직원과 함께 허겁지겁 달려와 말했다.

"김 사장님, 큰일 났습니다. 톈진행 비행기 표가 없어졌습니다!"

무슨 말인지 이해가 되지 않아 어리둥절한 표정을 짓자, 다급한 목소리로 설명을 이어갔다. 항공사 측 착오로 김해공항에서 탑승한 열한 명의 좌석만 예약되었고, 정작 김포에서 출발하는 내 좌석은 누락되었다는 것이다. 설상가상이라더니, 톈진행 항공기는 이미 전 좌석이 매진된 상태였다.

난감해하는 담당자, 해명에 급급한 항공사 직원 그리고 항의하는 일행들 사이로 일대 소란이 벌어졌다. 출국 시간은 빠르게 다가오는데 해결책은 보이지 않고, 서로 책임만 떠넘기는 상황이 반복되었다.

사정이 어찌 되었든 사태를 수습하는 게 먼저다. 이에 '내 걱정은 말고 잘 다녀오라'는 인사를 건네며 일행을 먼저 중국으로 떠나보냈다. 미안해하는 사람들을 걱정시키지 않으려고 일부러 밝은 얼굴로 배웅했지만, 출국장을 빠져나가는 그들의 뒷모습을 보는 순간 다리에 힘이 풀렸다. 마치 어린아이처럼 생애 첫 해외여행을 손꼽아 기다렸기에 허탈감은 더욱 컸다.

시간이 어떻게 흘렀는지도 모른 채, 우두커니 대합실 한구석에 앉아 있었다. 일주일 후에 돌아온다고 아침에 집을 나섰는데, 이대로 귀가하려니 가족들에게 창피하기도 하고 왠지 억울한 생각이 들었다. 어떻게든 방법을 모색해 보기로 했다.

일단 항공사 창구로 찾아가 자초지종을 설명한 뒤, 톈진행 항공권을 요청했다. 하지만 직원은 남은 좌석이 없다며 단호하게 고개를 저었다. 항공사 실수로 벌어진 일인데도, 무조건 안 된다는 말만 반복하니 답답함은 더 커졌다.

'무슨 일이 있어도 중국에 가야 한다. 어떤 방식으로든 보상방법을 찾아봐 달라'라고 강하게 요청하자, 그제야 직원은 여기저기 연락을 돌리며 해결책을 알아보기 시작했다. 하지만 끝내 톈진행 항공편은 구하지 못했다.

잠시 후 항공사 직원이 '한 시간 뒤 출발하는 베이징행 표가 있는데, 그것이라도 괜찮겠느냐'라고 물어왔다. 베이징이라면 중국이 아닌가. 어떻게든 중국 땅을 밟고 보자는 생각에 흔쾌히 수락했다.

"베이징공항 내 대한항공 사무소에 미리 연락해 둘 테니, 그곳에 도착하면 필요한 도움을 요청하세요."

항공사 직원은 이와 같은 당부와 함께 베이징행 항공권을 건넸다.

그렇게 원하던 항공권을 손에 쥐었지만, 막상 출국 절차를 밟으려니 막막하기만 했다. 애초에 혼자 떠나는 일정도 아니었고, 모든 준비와 절차를 주최 측이 알아서 해줄 거라는 생각에 무작정 공항을 찾은 게 문제였다. 출국 과정이 어떻게 이루어지는지 전혀 몰랐던 것이다. 마음 한가득 걱정이 밀려왔지만, 비행기 좌석도 사라진 마당에 이런 난관은 아무것도 아니라며 스스로를 다독였다.

항공사 직원의 도움을 받아 겨우 출국 절차를 마친 후 비행기에 몸을 실었다. 중국어도 전혀 할 줄 모르고, 베이징과 톈진에 대한 지식도 전무한 상태다. 막막함과 불안한 마음을 달래려 일정표를 꺼내 들고 숙소 이름부터 확인했다. 동료들은 아마 오늘 밤 '수정궁'이라는 호텔에 머물 것이다.

혹시나 도움이 될까 싶어 호텔 이름을 한자로 적어두고, 주변에 앉은 중국 승객에게 발음을 물어 어설프게나마 따라 해보았다. 베이징북경, 톈진천진 등의 지명도 현지 발음으로 익혀 두었다. 그리고 지도를 통해 베이징과 톈진 사이의 거리를 가늠하며, 대략적인 이동 계획을 세우기 시작했다.

드디어 베이징공항에 도착, 대한항공 사무소를 찾았다. 하지만 김포공항에서 들었던 안내와 달리 현지 사무소의 문은 굳게 잠겨 있었다. 나중에야 알게 된 사실이지만, 베이징에서 대한항공의 마지막 편이 출발하면 현지 직원들은 숙소로 복귀하는 게 관례라고 한다. 산 넘어 산이라더니, 앞이 캄캄했다.

무식하면 용감하다고 했던가. 무작정 택시를 잡아타고 외쳤다.

"고, 텐진Go, Tianjin!"

다행히 기사님은 별다른 질문 없이 택시를 출발시켰다. 30분쯤 달렸을까. 택시는 어느새 고속도로 진입로에 도착했다. 그런데 말도 안 되는 일이 벌어졌다. 짙은 안개로 인해 고속도로가 폐쇄된 것이다. '하나님, 아버지'라는 소리가 입에서 절로 나왔다. 정신을 가다듬고 다시 기사님에게 말했다.

"고 백 베이징 스테이션Go back Beijing station!"

택시는 다시 베이징 시내를 향해 달리기 시작했다. '어디서부터 잘못된 것일까?' 머릿속이 복잡해졌다. 그냥 집으로 돌아갈 걸, 괜한 고집을 부렸나 하는 후회도 밀려왔다. 말도 통하지 않는 이국땅에서 미아가 되어버린 기분이다.

복잡한 마음을 아는지 모르는지, 신나게 달린 택시는 어느새 베이징 시내로 접어들었다. 그런데 이번에는 심각한 정체가 문제였다. 마치 주차장을 방불케 하는 수많은 차량이 얼기설기 얽혀 몇십 분째 꿈쩍도 하지 않았던 것이다.

도대체 언제쯤 목적지에 도착할 수 있을까? 답답함이 극에 달할 무렵, 기사님의 거친 손짓이 시야에 들어왔다. 여기에서 내리라는 뜻이다. 어쩔 수 없이 도로 한복판에 내린 나는, 간신히 다른 택시를 잡아타고 베이징역으로 향했다. 베이징역에 도착하여 텐진행 열차를 알아보니, 한 시간 뒤에나 출발한다고 한다.

남은 시간 동안 대합실에 앉아 지친 몸과 마음을 추스른 후, 텐진행 열차에 몸을 실었다. 또 무슨 일이 일어날지도 모른다는 불안감에 창밖의 풍경을 즐길 여유도 없었다. 더는 큰 탈 없이 목적지에 다다르기만을 바랄 뿐이다.

텐진에 도착하자마자 또다시 택시를 잡아타고, 일행이 묵고 있는 숙소를 향해 출발했다. 얼마나 달렸을까. 드디어 길고도 험난한 여정의 끝이 보였다. 멀리서나마 호텔 수정궁이라는 간판이 눈에 들어온 것이다. 순식간에 긴장이 풀리며, 김포공항에서 시작된 하루가 마치 꿈처럼 느껴졌다.

이미 밤 9시가 넘은 시각, 지친 몸을 이끌고 호텔 로비로 들어서는데, 마침 저녁 식사를 끝낸 후 차를 마시고 있는 일행의 모습이 눈에 들어왔다. 눈물 나게 반갑다는 말은 이럴 때 쓰라고 있는 것일까? 그들을 향해 바쁜 걸음을 옮겼다.

"아니… 참말로, 이게 누꼬? 내 허깨비를 보는 건 아니지예? 어떻게 여기까지 오셨는교?"

"와, 진짜 대단하다 아닙니꺼!"

사람들은 믿기지 않는다는 표정으로 주변을 에워싸며 반가움을 표했다. 그때 소식을 듣고 한달음에 달려온 LG전자 구매 그룹장이 나를 덥석 끌어안으며 말했다.

"안 그래도, 김 사장님만 남겨두고 와서 진짜 죄송했다 안 합니꺼.

본사에 보고할 면목도 없었는데, 손수 찾아오시니 억수로 반갑습니더. 구세주를 만난 기분이네예."

순간 우리의 존재감을 확실히 각인시킬 절호의 기회라는 생각이 들었다. 이에 그의 말을 놓칠세라 지체 없이 답을 이어갔다.

"만약 우리 회사에 긴급한 문제가 생기더라도, 어지간한 일은 오늘처럼 잘 해결할 겁니다."

그는 수긍하듯 고개를 끄덕이며 손을 맞잡았다. 순간 말도 많고 탈도 많던 긴 하루의 피로가 말끔히 풀려나가는 듯했다.

이 사건은 LG전자 측으로부터 '불굴의 도전 정신으로 위기를 돌파한 사람'이라는 인정을 받는 계기가 되었고, 동종업계 경쟁자들 사이에서도 '제조업 경험이 전무한 약사 출신 CEO'라는 선입견을 단숨에 불식시키는 전환점이 되었다.

위기는 언제나 갑작스럽게 찾아오지만, 그 순간마다 나를 증명할 기회도 함께 따라왔다. 이처럼 가장 큰 기회는 종종 '위기의 얼굴'을 하고 나타난다는 사실을 온몸으로 겪으며 배운 셈이다.

자금의 선순환 &
직원의 선순환

약국을 경영한 지 3년이 지났을 무렵, 새로운 사업 아이디어가 떠올랐다. 당시 꽃가루로 만든 영양제가 큰 인기를 끌고 있었는데, 이를 건조해 건강식품으로 출시하면 괜찮겠다는 생각이 들었던 것이다. 해외 사례와 각종 논문을 찾아보며 나름 철저히 시장을 분석한 끝에, 승산이 있다는 결론에 이르렀다. 단순한 판매자를 넘어, 제조업자로 도약해 보고자 하는 결심이 선 순간이다.

본격적인 사업을 위해 제약회사에 OEM을 의뢰하고, 제품 설명서와 패키지도 완성했다. 새로운 사무실을 마련한 후 영업사원을 모집해 본격적인 판매에 나서자, 뜻밖에도 기대를 웃도는 주문이 쏟아졌다. 빠르게 소진되는 제품을 보면서 '내가 정말 사업에 소질이 있구나' 하는 생각을 할 정도였다.

그러나 기쁨도 잠시, 이상하게도 수익이 남지 않았다. 심지어 팔면 팔수록 적자가 늘어나는 달도 있었다. 자금 회수에 문제가 있는 것도 아닌데, 어느 순간 원료비조차 감당하기 어려운 지경에 이르렀다. 알고 보니 원가 계산 자체가 잘못되어 있었던 것이다.

뒤늦게 원가를 조정해 보려 했지만, 원재료 자체의 가격이 워낙 높았다. 이에 맞춰 상품을 출시해 봤자 가격 경쟁에서 밀릴 게 불 보듯 뻔하다. 안타깝지만 이쯤에서 건강식품 사업은 접는 게 맞다.

사업을 하다 보면, 때로는 포기가 필요한 순간이 찾아온다. 누가 봐도 가망 없는 일에 끝까지 미련을 버리지 못하면, 빚에 몰려 자신뿐 아니라 가족까지 잃는 극단적인 상황에 내몰릴 수 있다. 이는 회복 불능의 나락으로 빠지는 지름길이며 가장 큰 자산, 즉 신용을 잃는 결과를 초래한다.

결국, 6개월 만에 사업을 접기로 결심한 후 재고는 기존 납품가의 3분의 1 수준으로 급히 정리했다. 숨 가쁘게 달려온 시간 끝에 남은 것은, 마이너스 2천만 원이라는 초라한 성적표였다. 하지만 나는 이를 통해 사업에서 절대 잊지 말아야 두 가지 원칙을 깨달았다.

첫 번째, 초기 자본금은 예산보다 최소 세 배 이상 필요하다. 자본이 부족하면 초조함이 밀려오고, 이는 곧 자신감 저하와 판단력 흐림으로 이어진다. 문제는 여기서 끝나지 않는다. 손익분기점을 넘어야 한다는 압박이 커질수록, 냉철한 계산보다 감정적 결정에 휘둘리기 쉽다. 이는 무리한 동업이나 투자 유치로 이어지고, 그 과정에서 소중한 지분을 내어줄 수밖에 없는 상황이 발생하기도 한다. 성공이 눈앞에 있음에도 자금 부족으로 멈춰 서거나, 결국 남에게 열매를 넘겨주는 안타까운 결과를 맞게 되는 것이다.

두 번째, 손익분기점에 도달하는 데 걸리는 시간도 예상보다 세 배 더 필요하다. 사업이 안정 궤도에 오르는 기간을 6개월로 잡았다면, 실제로는 그보다 세 배 더 많은 1년 6개월 정도 걸린다고 생각하는 게 바람직하다. 만약 그 시간을 버틸 자본이 없다면 선택지는 하나뿐이다. 돈은 세 배 더 아끼고, 시간은 세 배 더 쪼개고, 몸은 세 배 더 움직이는 수밖에 없다. 살아남으려면 무엇이든 남들보다 세 배 이상의 노력을 기울여야 한다.

'자본금 세 배, 손익분기점에 도달하는 시간도 세 배' 이 두 가지 원칙을 모르면, 그 순간부터 사업은 비즈니스가 아니라 '모 아니면 도'의 도박이 될 확률이 높다.

대부분의 창업자는 열정이 부족해서가 아니라 돈, 시간, 체력, 멘털이라는 자원이 바닥날 때 무너진다. 결국 창업은 열정으로 시작되지만 자기 절제로 완성된다고 해도 과언이 아니다. 이런 의미에서 아직 자원이 어느 정도 남아 있는 창업 초기야말로, 생존 전략을 다지고 지속력을 설계할 수 있는 절호의 기회다.

꿀처럼 달콤한 시작의 유혹

신혼여행 부르는 또 다른 말이 있다. 바로 밀월여행이다. 밀월蜜꿀밀, 月달월은 '꿀처럼 달콤한 한 달'이라는 뜻으로, 인생에서 가장 행복한 시기를 비유한다. 그런데 이 밀월 기간은 창업 초반, 비즈니스 세계에도 분명히 존재한다. 외부 시련이나 시장의 냉정한 평가가 본격화하기 전, 잠시 숨을 고를 수 있는 짧지만 중요한 유예의 시간이다.

특히 별다른 어려움 없이 사업을 시작한 사람들은 새로운 출발에 대한 기대감으로 한껏 부풀어 있는 경우가 많다. 사업의 성패야 뚜껑을 열어봐야 아는 법, 아직은 조급할 이유도 없다. 하지만 바로 '조금이라도 여유 있는 이 시기'에 반드시 해내야 할 일이 있다. 바로 사업의 선순환 고리를 만들어내는 것이다. 손익분기점을 최대한 앞당겨야 한다는 말이다. 물론 말처럼 쉬운 일은 아니지만, 그렇다고 방법이 아예 없는 것도 아니다.

손익분기점을 앞당기는 첫걸음은 바로 철저한 자금 관리에서 시작된다. 일례로 4.5평 약국을 경영하던 시절부터 나는 구성원의 복지와 고객 서비스를 위한 투자만큼은 절대 아끼지 않았다. 그들이 만족하고 신뢰할 수 있어야 사업도 지속될 수 있기 때문이다. 하지만 허세를 부리거나 낭비라고 여겨지는 지출은 철저히 경계했다. 과시처럼 보이더라도 반드시 써야 하는 돈이면 '이 지출에 정말 의미가 있는가?'를 스스로에게 되물었다.

그런데 이제 막 사장 명함을 손에 쥔 중 상당수가, 과도한 인테리어, 고급 차량, 불필요한 접대 같은 허례허식에 지출을 늘린다. '내 사업을 한다'라는 기쁨에 취해, 필요 이상으로 겉치레에 신경을 쓴다. 막연한 성공에 대한 기대감이 현실 감각을 흐리게 만든 것이다.

문제는 손익분기점에 도달하기도 전에 자금이 바닥난다는 데 있다. 그제야 뒤늦게 정신을 차리고 허겁지겁 허리띠를 졸라매지만, 돌이킬 수 없는 경우가 많다. 특히 사업 경험이 없는 사람일수록, 초기 자금 관리는 곧 생존과 직결된다는 사실을 잊지 말아야 한다.

그러니 창업 초기 불필요한 지출을 줄이고, 본질적인 성장에 집중하라. 밀월 기간이 끝난 후에도 흔들리지 않는 비즈니스 구조는 결국 이 시기에 얼마나 절제하고 집중했느냐에 달려 있다. 꿀처럼 달콤한 시작에 취한 사람은 결국 현실의 쓴맛 앞에 무너지기 쉽다.

현실의 쓴맛을 피하고 싶다면, 롤러코스터처럼 급변하는 매출의 흐름도 예의주시할 필요가 있다. 매출이라는 게 그렇다. 오르는 날이 있으면 반드시 떨어지는 날도 있기 마련이다. 아무리 소비자 반응이 좋은 제품이라도 매출 그래프가 정체되거나 꺾이는 순간은 예외 없이 찾아온다.

그래서 나는 매출이 떨어지는 첫날을 결코 가볍게 넘기지 않는다. 일시적인 매출 저조로 치부하지 않고 장기적인 하락세를 경고하는 시그널은 아닐지 의심한다. 그 작은 '이상치'가 하나가 위기의 서막을 예고하는 변곡점일 수 있다는 판단 아래, 그 흐름을 면밀히 살핀다.

이럴 때는 조직원들에게도 상황을 있는 그대로 공유하며 경각심을 함께 나눈다. 그리고 관련 도서를 찾아 읽고, 경쟁 업체를 분석하며, 우리 조직이 매너리즘에 빠진 건 아닌지 하나하나 되짚어본다. 매출 하락을 단순한 현상으로 보지 않고, 사업을 다시 선순환 구조로 돌릴 신호로 받아들이는 것이다.

그렇게 바짝 긴장하며 대응책을 고민하다 보면, 2~3일 안에 매출이 반등하는 경우가 적지 않았다. 사업은 안 될 때 회복하려 애쓰는 것보다, 잘될 때 더 잘되도록 관리하는 것이 훨씬 쉽고 효과적이다.

재정적 선순환만큼이나 중요한 게 바로 관계의 선순환이다. 그 출발점은 거창한 시스템이 아니라 칭찬과 격려, 그리고 진심 어린 인정에서 시작된다. 이는 큰 비용이 드는 것도, 많은 시간이 필요한 일도 아니다. 그럼에도 의외로 적지 않은 경영자가 이 단순하고 강력한 원리를 외면한다. 숫자에만 매몰된 나머지 정작 사업을 움직이는 '사람'을 잊어버린다.

조직에서 문제가 발생했을 때도 마찬가지다. 책임자를 질책하는 데 집중하기보다는 예방책을 함께 고민하는 편이 훨씬 생산적이다. 경영진과 구성원이 머리를 맞대고 해법을 찾아가는 과정에서 오해와 불신의 벽은 무너지고, 신뢰와 소통의 문화가 자리 잡는다. 이런 문화는 단순히 분위기를 좋게 만드는 수준을 넘어, 건강한 상하 관계를 형성하고 불필요한 마찰을 줄이는 구조적인 힘이 된다. 칭찬과 존중이 살아 숨 쉬는 관계의 선순환이 조직 깊숙이 뿌리내리게 되는 것이다.

그 결과, 회사를 떠나는 이는 줄고 함께하고자 하는 인재는 모여든다. '장기근속자 증가' '이직률 감소'는 채용에 들이는 시간과 비용을 줄이는 것은 물론, 인재 유출이라는 리스크를 관리 가능한 범위로 안착시킨다.

이쯤 되면 경영자는 더 이상 '사람'에 발목 잡히지 않고 기업의 생존을 좌우하는 본질적 과제, 즉 성장과 혁신에 에너지를 집중할 수 있다. 이것이 바로 구인의 선순환이 만들어내는 힘이다.

돈을 흐르게 하려면 철저한 계산이, 사람을 움직이게 하려면 진심 어린 공감이 뒷받침되어야 한다. 돈의 선순환은 숫자가 만들지만, 관계와 사람의 선순환 진심에서 비롯된다. 돈, 관계, 사람 이 세 가지 축이 '따로 또 같이' 굴러갈 때, 비로소 사업은 단순한 성장을 넘어 완전히 새로운 차원으로 비상할 수 있다.

당신의 마케팅이
효과 없는 이유

욕심은 동전의 양면과 같다. 잘만 활용하면 성장을 이끄는 강력한 엔진이 되지만, 제어하지 못하면 관계를 무너뜨리는 위험한 브레이크가 된다.

사업을 하는 사람이라면 누구나 최대 수익 창출을 목표로 삼는다. 하지만 욕심이 지나치면, 자신도 모르는 사이 고객에게 부담을 주는 실수를 저지르기 쉽다. 그래서 나는 늘 마음속에 '무리 가지 않는' '맥시멈Maximum'을 정해둔다. 내가 원하는 것을 얻기 위해 상대에게 불필요한 부담을 지우지 않겠다는 무언의 다짐이다.

욕심이 앞서 상대에게 무리한 맥시멈을 요구하면, 일시적인 성과는 있을지 몰라도 그 관계를 오래 이어가기는 어렵다. 예를 들어, 고객이 판매자의 감언이설에 속아 비싼 가격에 제품을 구매했다고 가정해 보자. 아마도 해당 고객은 다시 그곳을 찾지 않을 것이다. 이미 불필요한 부담을 느꼈기 때문이다. 무리 가지 않는 맥시멈이 중요한 이유가 바로 여기에 있다.

나는 '무리 가지 않는 것'과 '맥시멈'을 다음과 같이 구분한다.

- 무리 가지 않는 것 : 창의력, 친절, 정성, 상세한 설명, 노력 등 서비스적 요소
  → 수위 조절이 가능하고, 더 높일 수 있는 여지가 있다.
- 맥시멈 : 매출, 성과, 실적 등 숫자로 측정되는 요소
  → 일정 한계에 도달하면 더 이상 성장하기 어려운 특성이 있다.

'무리 가지 않는 것'과 '맥시멈'을 동시에 상승시키기 위해서는 서비스, 즉 고객을 향한 '무리 없는 접근'이 선행되어야 한다. 이와 반대로 매출·성과·실적 등 맥시멈을 앞세우면 신뢰는 금세 무너지고, 쌓인 고객 불만은 결국 반품과 환불로 돌아온다. 이 사실을 모르면 마케팅에 막대한 비용을 쏟아부어도 원하는 효과를 얻기 어렵다.

마케팅은 억지로 밀어붙이는 게 아니라 흐름을 만들어내는 기술이다. 무리 없는 가치 전달이 이어질 때, 비로소 제힘을 발휘한다. 그렇다면 마케팅이란 도대체 무엇일까?

마케팅Marketing이라는 단어는, '시장Market에' 현재 진행형 '~ing'가 결합한 형태다. 말 그대로 판매자와 구매자 사이에서 지속적으

로 이루어지는 교환 활동을 뜻한다. 그런데 이 교환에는 한 가지 전제가 따른다. 판매자가 먼저, 구매자가 '가치Value' 있다고 여길 만한 '무언가'를 꺼내 보여야 한다는 점이다. 상품, 서비스, 고객 지원 등 그 뭐라도 상관없다. 중요한 건 판매자가 '무엇을 주었느냐'가 아니라, 고객이 '과연 무엇을 받았다고 느꼈느냐'다. 그렇게 고객이 '일련의 가치'를 발견한 순간 교환, 즉 거래가 성사된다.

여기서 말하는 가치는 크게 두 가지다. 첫째는 혜택Benefit, 둘째는 비용Cost이다. 먼저 혜택이란, 고객이 상품이나 서비스를 통해 얻게 되는 문제 해결, 욕구 충족 그리고 기대 이상의 만족 등을 의미한다. 기능적 효용, 상징적 경험, 감정적 만족, 나아가 브랜드에 대한 신뢰까지 모두 포함된다.

비용 역시 단순한 '지불 금액'을 의미하지 않는다. 구매 과정에서 소요되는 시간, 노력, 심리적 부담 등 고객이 감수해야 하는 모든 요소가 이에 해당한다. 결국, 고객이 느끼는 혜택의 크기가 비용을 초과하는 순간 교환이 성립되는 것이다.

따라서 공감, 친절, 정성, 문제 해결과 같은 무리하지 않는 서비스, 즉 '혜택'을 통해 고객에게 충분한 신뢰와 만족을 제공하는 것이 먼저다. 이 기반이 마련되었다면 다음은 맥시멈, 즉 성과를 극대화할 차례다.

고객이 기꺼이 지갑을 열 준비가 되어 있음에도 불구하고 정당한 가격을 요구하지 않는다면, 이 또한 어리석은 일이다. 적절한 시점에 가치를 인정받고 그에 상응하는 수익을 창출하는 것, 이것이 바로 비즈니스의 기본 원칙이다.

고객의 욕구는 흐르는 물과 같다

3억 원짜리 시계, 1천만 원짜리 스마트폰, 10만 원짜리 도시락이 있다. 가격만 들어도 '헉' 소리가 절로 나오지만, 이런 제품을 찾는 고객층은 분명 존재한다. 그런 고객에게 2만 원짜리 시계, 10만 원짜리 스마트폰, 8천 원짜리 도시락을 내민다면 어떨까?

아무리 품질이 좋아도 눈길조차 주지 않을 가능성이 크다. 고객의 기준에 미치지 못하는 제품은 관심의 대상이 되지 않는다. 무엇보다 상품이 자신의 수준과 맞지 않으면, 그곳을 다시 찾을 이유가 없다. 1만 원짜리 한 장 쓰는 것도 부담스러운 이에게 10만 원짜리 영양제를 권해봤자 결과는 똑같다. 구매는커녕 '비싼 것만 권유하는 부담스러운 곳'이라는 인상만 남길 뿐이다.

경제적으로 여유가 있는 이에게는 품격 있는 상위 브랜드를, 형편이 어려운 이에게는 가성비 좋은 제품을 추천할 수 있는 감각을 길러야 한다. 고객과 상품의 수준이 어긋나는 순간 그 관계는 이미 끝난 것이나 다름없다.

약국을 경영할 당시, 손님의 이름은 물론 개인의 사정까지 세심하게 파악하려 했던 이유도 바로 여기에 있다. 고객 한 사람 한 사람의 형편과 필요를 이해하고, 그에 맞는 최적의 선택지를 제시하기 위함이다.

당시 나는 '무리 가지 않는 맥시멈'을 찾기 위해 고객이 약국 문을 열고 들어서는 순간부터 상대의 표정과 분위기를 유심히 살폈다. 얼굴의 미묘한 변화, 눈빛, 대화의 흐름 속에서 고객의 기분과 상태를 읽어내려 노력했다.

일례로 유독 굳은 표정으로 들어선 손님에게 환한 인사를 건넸을 때, 같은 미소로 화답하면 마음이 열릴 가능성이 크다. 하지만 시선을 피하거나 아무런 반응이 없다면 말을 아껴야 한다. 과도한 친절이 오히려 역효과를 불러올 수 있기 때문이다. 실제 '물건이나 팔려는 속셈이겠지' '그냥 장사나 하지, 웬 오지랖이야'라며 불쾌한 기색을 드러내는 경우도 적지 않다. 이럴 땐 무리한 설득보다, 다음을 기약하는 편이 현명하다. 오늘은 그저 내일을 위한 씨앗을 뿌리는 날일 뿐이다.

고객의 욕구는 흐르는 물과 같다. 개인의 경험과 취향, 상황과 감정에 따라 달라지고, 시간의 흐름과 트렌드에 따라 수시로 옷을 갈아입는다. 그러니 고객을 하나의 틀 안에 가둬두고 이해하려는 건 애초 무모한 시도다. 무엇보다 중요한 건 변화하는 고객의 마음을 얼마나 세심하게 읽어내고, 그에 걸맞게 대응해 나가느냐다.

무리 가지 않는 맥시멈의 핵심은 단순하다. 고객의 욕구를 뿌리까지 들여다보고, 그 기대를 한발 먼저 채워내는 것. 그래야 '그저 괜찮네'에서 머무르지 않고 '역시 다르다'라는 믿음을 끌어낼 수 있다. 결국 비즈니스를 특별하게 만드는 건 화려한 전략이 아니다. 고객의 마음을 놓치지 않기 위해 머리를 싸매고, 두 발로 뛰고, 오늘도 한 걸음 더 가까이 다가가려는 그 집요함. 그것이 바로 남과 다른 결정적 차이를 만든다.

기본에 충실할 것

    무리 가지 않는 맥시멈을 실현하는 데 가장 효과적인 도구 중 하나로, 나는 '시간'을 추천한다.

    영남산업 대표이사로 재직하던 시절의 일이다. 기름때로 얼룩진 거대한 기계들이 쉴 새 없이 돌아가는 현장 한가운데 하얀 가운을 입고 약 가루나 만지던 사람이 사장이라고 나타났으니, 업계의 시선이 곱지 않은 것도 무리는 아니었다. 관계자들을 만날 때마다 예의를 다해 인사를 건넸지만, '과연 얼마나 버틸 수 있을까'라는 냉소 어린 시선만큼은 피할 수 없었다.

    앞서 언급했듯, 영남산업은 LG전자에 청소기 부품과 조립품을 납품하는 1차 협력업체였다. 이런 협력업체에서 가장 중요한 것은 납기와 품질이다. 그중에서도 납기, 즉 납품 기한은 제조업의 생명과도 같다. 부품 공급이 조금만 늦어져도 원청업체의 조립 라인이 멈추고, 그 여파는 곧 생산 일정의 차질로 이어진다.

대표이사 취임 후, 가장 먼저 집중한 건 업무 파악과 협력 체계 정비였다. 이를 위해 내가 택한 방식은 의외로 단순했다. 기본에 충실할 것. 아무도 찾지 않던 작은 약국을 기업형 약국으로 성장시킨 힘도 결국 기본을 다지는 데서 비롯되었다. 제조업이라고 해서 크게 다를 리 없다.

마침 LG전자 협력업체를 총괄하던 구매 팀장과 미팅이 잦던 시기, 아주 단순한 기본 원칙 하나를 전략처럼 실천하기로 했다. 바로 미팅 시간을 정확히 지키는 것이다.

구매 팀장과의 약속이 있는 날이면 나는 항상 약속 장소에 15분 일찍 도착했다. 남은 시간 동안 그날 나눌 대화를 머릿속으로 정리하고, 예상 질문과 답변 등을 시뮬레이션하며 차분히 만남을 준비했다. 그리고 손목시계의 초침이 정확히 약속 시각에 도달하는 순간, 한 치의 오차도 없이 사무실 문을 열고 들어섰다.

다섯 번째 미팅, 마침내 구매 팀장의 입에서 기다리던 말이 나왔다.

"사장님, 시간 약속을 참 칼같이 지키십니다."

바로 이 순간을 위해 매번 정시에 등장한 것과 다름 없다. 그의 말이 끝나기가 무섭게 미리 준비해 둔 답변을 자연스럽게 이어 붙였다.

"우리 영남산업은 LG전자 협력업체로서 한 치의 오차 없는 납기를 위해 전 구성원이 노력하고 있습니더. 앞으로도 지금처럼 안심하셔도 될 낍니더."

그 순간, 구매 팀장의 입가에 미소가 번졌다.

"사장님이 이래 시간 약속이 칼인 걸 보니, 영남산업에 물량을 많이 드려야겠네에."

결국 이 일은 '약사 출신 CEO'라는 우려를 불식시킴과 동시에 영남산업의 신뢰도를 한층 끌어올리는 계기가 되었다. 그리고 이는 대표이사 취임 3년 만에 납품 물량을 무려 네 배 이상 확대하는 성과로 이어졌다. 이 모든 출발점이 '약속 시간 준수'였다는 사실이 참 흥미롭지 않은가.

시간을 누리는 방법

개인적으로 약속을 무엇보다 중요하게 여기며, 시간을 엄수하기 위해 늘 최선을 다한다. 하지만 상대방이 늦거나, 약속 자체를 잊어버리는 것에 대해서는 크게 개의치는 않는다. 상대가 약속을 잊어버린 덕분에 전화위복을 맞이한 경험이 여러 번 있기 때문이다. 무엇보다, '미안함을 느끼는 상대'와 협상 테이블에 앉으면 좋은 카드를 뽑을 수 있는 기회, 즉 유리한 고지를 점할 가능성이 커진다.

메가스터디 부사장으로 재직하던 시절, 유명 강사를 영입하기 위해 무던히도 애를 썼다. 그러나 워낙 바쁜 분인지라 얼굴 한 번 뵙는 것도 쉽지 않았다. 몇 차례 시도 끝에 간신히 약속을 잡고 마침내 대면했지만, 그는 긴 대화를 나눌 생각이 없어 보였다. '당장 결정할 문제가 아니니 한 달 후 다시 만나 이야기하자'라는 말을 남기고 곧바로 자리에서 일어섰던 것이다.

비록 원하는 답을 얻지는 못했지만, '한 달 후'라는 날짜를 약속받았으니 그것으로 되었다. 사무실로 돌아오자마자 다이어리에 다음 미팅 일정을 적어두고, 조용히 그날을 기다렸다.

시간은 어느덧 빠르게 흘러 약속한 날짜가 다가왔다. 평소 같았으면 미리 전화를 걸어 약속을 다시 확인했겠지만, 이상하게도 그날만큼은 연락하지 않는 편이 낫겠다는 예감이 들었다.

일찌감치 도착한 한정식집에서 자리를 잡고 앉아 차분히 선생님을 기다렸다. 그런데 웬일인지 약속 시간이 한참 지나도록 그의 모습은 보이지 않았다. 조금 더 기다린 끝에 전화를 걸자, 수화기 너머로 당황스러움이 가득한 목소리가 묻어 나왔다.

"어제 밤늦게까지 교재 원고를 작성하다가 약속을 깜빡했습니다. 정말 죄송합니다."

"아닙니다. 덕분에 평소 먹기 힘든 한정식을 여유롭게 즐길 수 있겠습니다. 오히려 감사드립니다."

순간, 그의 긴장이 스르르 풀리는 게 느껴졌다.

"양해해 주셔서 감사합니다. 오늘은 너무 늦었으니, 다음 주에 다시 만나는 게 어떨까요?"

예상외로 수월하게 일이 풀리는 느낌이다. 그렇게 일주일 후, 다시 만난 그는 흔쾌히 함께 할 것을 수락했다. 그 배경에는 약속을 지키지 못한 미안함도 있었으리라 생각한다.

만약 그날 내가 실망감을 드러내고 감정적으로 대응했다면 서로 원하는 결과를 얻기는커녕 관계 자체가 어긋났을지도 모른다. 고의는 아니었지만, 선생님이 약속을 잊어버린 것이 전화위복이 된 셈이다. 결국, 모든 관계와 결과는 '같은 시간을 어떻게 사용하느냐'에 따라 달라진다.

그래서 나는 언제나 시간을 전략적으로 설계하려 노력한다. 시간을 효율적으로 관리하는 사람은 그 흐름의 주인이 되어 여유를 누리지만, 벼락치기에 의존하는 사람은 늘 상황에 끌려다니며 허겁지겁 하루를 소진하기에 바쁘다. 문제는 거기서 끝나지 않는다.

결정적 순간마다 허점을 드러내는 것도 모자라 스스로 기회를 흘려버린다. 다급한 마음이 판단을 흐리고, 생각보다 앞선 행동이 치명적인 실수를 불러오는 것이다.

이런 악순환에서 벗어나고 싶다면, 급한 일을 먼저 하고 여유 있는 일은 나중으로 미루는 선급후완先먼저 선, 急급할 급, 後뒤 후, 緩느릴 완의 사고방식에서 탈피할 필요가 있다. 나는 오히려 중요한 일을 먼저 처리하고, 가벼운 일은 뒤로 미루는 선중후경先 먼저 선, 重무거울 중, 後뒤 후, 輕가벼울 경 방식을 선호한다.

중요한 일, 그러니까 핵심과제를 미리 해결해 두면 마음이 조급할 일이 줄어든다. 예상치 못한 돌발에도 당황하지 않고 대응할 수 있는 여유가 생긴다. 미뤄둔 일이 없기에 가능한 일이다. 이렇게 준비된 시간은 언제나 위기를 이기는 힘이 된다.

'안 그래도 짧은 인생은 시간 낭비로 인해 더욱 짧아진다'라는 말이 있다. 현재를 도둑맞는 사람은, 결국 미래도 도둑맞게 된다는 이야기다.

당신은 지금, 시간을 어떻게 쓰고 있는가?

문제는 경쟁이 아니라 '경쟁력'이다

영국 프리미어리그가 전 세계적인 인기를 얻은 이유 중 하나는 맨체스터 유나이티드와 리버풀이라는 강력한 라이벌이 존재했기 때문이다. 라이벌은 필연적으로 긴장감을 불러일으키고 서로를 끊임없이 발전시키는 원동력이자, 게으름과 나태함을 이겨내는 강력한 자극제가 되기도 한다.

그리고 라이벌 간의 경쟁은 언제든 판도를 뒤집을 수 있는 역전의 기회를 제공한다. 선의의 경쟁이 성장을 앞당기는 것이다. 만약 경쟁이 없었다면 나는 여전히 4.5평짜리 약국에 머물러 있었을지도 모른다. 경쟁이 존재하기에 거지도 부자가 될 수 있고, 평범한 선수도 월드클래스로 거듭날 수 있는 셈이다.

문제는 '경쟁'이 아니라 '경쟁력'이다. 경쟁력을 갖춘 사람에게 라이벌은 도전이자 즐거움이지만, 준비되지 않은 사람에게 경쟁은 두렵고 버거울 수밖에 없다. 아무리 화려한 언변과 세련된 외모로 자신을 포장해도, 실력이 뒷받침되지 않으면 그 밑천이 드러나는 건 시간문제다. 과연 현대 사회에서 경쟁을 피할 수 있는 사람이 있을까? 누구도 피해 갈 수 없는 현실이라면, 막연한 두려움에 머무르기보다 경쟁력을 키워 당당히 맞서는 편이 훨씬 더 현명하다.

나는 블루오션이라는 개념을 믿지 않는다. 아니 애초에 블루오션은 존재하지 않는다고 생각하는 사람 가운데 하나다. 지금까지 살아오면서 이른바 '돈 되는 일'을 무수히 많이 봤다. 하지만 그런 기회는 내 눈에만 보이는 게 아니다. 철수의 눈에도 보이고 영희의 귀에도 들린다. 수익의 기미가 포착되는 순간, 돈 냄새를 맡은 이들이 잇따라 몰려든다. 그리고 '기회의 희소성'은 어김없이 사라진다. 어제까지 블루오션이라고 불리던 시장이, 하루아침에 제 살 깎아 먹는 레드오션으로 변해버린다.

진짜 블루오션은 '시장'이 아니라 '사람'에게 존재한다. 중요한 것은 언제, 어디서, 무엇을 하느냐가 아니라, 어떤 경쟁력을 갖추고 있느냐다. 일례로 '나무도 쓸만한 놈이 먼저 베인다'라는 말이 있다. 그렇다. 유능한 사람일수록 먼저 눈에 띄고, 앞서 부름을 받는다. 때로는 이런 상황이 억울할 수도 있겠지만, 실은 그의 실력과 가치를 증명하는 일종의 방증일 뿐이다.

골문을 뒤흔드는 결정적 한 방

약국을 처음 시작했을 당시, 나에게도 경쟁은 두렵고 버거운 스트레스였다. 내세울 게 단 하나도 없는, 말 그대로 경쟁력이 전무한 상태였기에 그렇다. 하지만 고객을 단순한 소비자가 아닌 은인으로 여기며, 친절과 정성 그리고 진심을 담아 소소한 경쟁력을 하나씩 쌓아갔다. 그렇게 하루하루를 채워가다 보니 어느덧 200가지가 넘는 경쟁 요소를 만들어낼 수 있었다.

온라인 교육 사업도 마찬가지다. 업종은 다르지만 약국과 교육 사업의 본질은 같다. 도움을 주는 대상이 아픈 사람에서 학생으로 바뀌었을 뿐, 결국은 '사람을 이롭게 하는 일'이다. 그렇다면 두 비즈니스의 경쟁력 또한 하나로 귀결된다. 매출, 즉 돈이 아니라 사람에게 충실한 것이다.

약국을 경영할 때는 face to face라는 방식의 특성상, 고객에게 감동을 전하기가 비교적 수월했다. 하지만 온라인 교육 사업은 직접 고객과 얼굴을 마주하는 게 불가능하다. 이곳에서는 눈빛과 몸짓 대신, 온라인과 전화기를 타고 감동이 전파된다. 그렇기에 더욱 진심이 중요하다.

현재 메가스터디 엠베스트의 회원 수는 약 27만 명이다. 하지만 나는 그들을 단 한 번도 '27만분의 1'로 바라본 적이 없다. 수많은 선택지 가운데 우리를 믿고 택해 준 학생과 학부모, 그 한 사람 한 사람이 곧 소중한 인연이자 회사를 여기까지 성장시켜 준 고마운 은인이라 생각할 뿐이다. 그들이 존재하지 않는다면 내가 무슨 자격으로 CEO라는 명함을 들고 다니며 사장 노릇을 할 수 있겠는가.

그래서 나는 이 자리를 만들어준 은인들에게 늘 진심으로 감사해하며, 그 마음을 경영의 중심에 두고 있다. 그리고 항상 '은인이 잘 되기를' 기도하고 소망한다. 은인이 어려움을 겪는 것만큼 가슴 아픈 일도 없기 때문이다.

결국, 골문을 뒤흔드는 결정적 한 방은 '사람을 향한 진심'에서 나온다. 전략과 기술은 누구나 익힐 수 있지만 진심은 흉내 낸다고 되는 게 아니다. 사람을 먼저 생각하는 태도, 나는 그 안에 가장 강력한 경쟁력이 있다고 믿는다.

나 자신이 블루오션이 되는 순간

사업을 하다 보면 크게 두 부류의 사람을 만난다. 하나는 모든 준비가 끝날 때까지 머뭇거리다 결국 기회를 놓치는 사람, 다른 하나는 아무런 기반도 없이 무작정 의욕만 앞세워 뛰어드는 사람이다.

두 방식 모두 성공과는 거리가 멀다. 준비에만 몰두하는 사람은 움직이기도 전에 시장이 끝나버리고, 무턱대고 달려드는 사람은 방향도 잡지 못한 채 지쳐 쓰러지기 일쑤다.

물론 철저한 준비는 중요하다. 하지만 당신이 완벽을 추구하는 그 순간에도, 경쟁자는 이미 시장에서 움직이며 경험을 쌓고 있다는 사실을 기억해야 한다. 계획이 아무리 촘촘해도 실전에서 부딪히며 얻는 인사이트만큼 강력한 경쟁력은 없다.

그러니 완벽을 기다리지 말고, 자신만의 무기가 하나라도 있다면 시장에 뛰어들어라. 일단 시작하고 부족한 부분은 경험으로 채워나가면 된다. 움직이는 사람이 준비만 하는 사람을 앞서는 것은 만고불변의 진리다.

반대로, 아무런 준비 없이 '닥치면 어떻게든 되겠지'라는 태도로 시장에 뛰어드는 것은 더 위험하다. 사업은 감으로 되는 일이 아니다. 시장 흐름을 읽는 통찰, 차별화를 설계하는 감각 그리고 핵심 경쟁력을 조립하는 기술이 요구되는 냉정한 현실이다. 이 균형을 잡지 못하면 준비와 실행 모두 헛된 소모로 끝날 수 있다.

결국 성공은 준비와 실행의 균형에서 비롯된다. 완벽하진 않더라도, 준비된 만큼 과감히 움직이는 사람이 기회를 잡는다.

만약 자본도 없고 지식도 부족하며 체력까지 뒤처지는 상황이라면, 경쟁자를 의식하기보다는 자신의 부족한 부분을 하나씩 보완해

가는 편이 낫다. 나 역시 약국을 처음 시작할 때, 자원이라 부를 만한 게 아무것도 없었다. 그래서 지금 당장 할 수 있는 작은 일들에 집중했다. 오늘 해야 할 일은 반드시 오늘 해내고, 어제와 다른 오늘을 살기 위해 꾸준히 움직였다.

그렇게 변화하는 삶을 살다 보니 나도 모르는 경쟁력이 하나둘 쌓였다. 어느 순간부터는 경쟁자보다 가진 무기가 더 많아졌다. 남들이 어렵다고 포기하는 일도 어느덧 '할 만한 일' '별것 아닌 일'이 되었다. 그 무엇도 아닌 나 자신이 블루오션이 되는 날도 맞았다.

결국 진짜 경쟁력은 남을 이기려는 마음이 아니라, 어제의 나를 이겨내며 쌓아 올린 시간의 총합에서 비롯된다. 그 시간을 견뎌낸 사람만이 시장에서도 살아남는다.

불안을 견디는 힘

'2등은 아무도 기억하지 않는다'. 오래된 광고 카피지만, 여전히 마음 한구석에 짙은 잔향처럼 남아 있는 문구다. 굳이 광고를 들먹이지 않더라도, 어느 순간부터 우리 사회는 '1등만이 가치 있다'라는 기준을 당연한 듯 받아들이기 시작했다. 1등이 아니면 의미 없다는 편협한 사고가 자리 잡으며, 숫자와 순위가 곧 존재 가치를 결정하는 듯한 분위기도 형성되었다. 솔직히 말하자면 나 또한 그런 생각에서 자유롭지 못한 시절이 있었다.

엄격한 아버지의 교육 덕분이었을까. 어린 시절, 제법 공부를 잘하는 편이었다. 특히 중학교 때는 큰 노력 없이 눈치 하나로 꽤 괜찮은 성적을 받곤 했다. 그럴수록 집안의 기대는 점점 커졌고, 나 역시 되지도 않은 능력을 맹신하며 좋은 성적을 당연하게 여겼다. 급기야 과도한 우월감에 사로잡혀 '친구들보다 월등하다'라는 자만에 빠지고 말았다.

어설픈 교만함과 근거 없는 자신감을 가득 안고 진학한 고등학교에서, 생애 처음으로 진짜 내 실력을 마주했다. '전교 석차 459등' '반 석차 49등', 무서운 것 없던 교만함은 그렇게 차갑고도 선명한 세 자리 숫자 앞에서 한순간 무너져 내렸다.

그제야 나는 생각만큼 머리가 좋은 사람이 아니라는 사실을 인정하게 되었다. 중학교 성적은 실력이 아니라 그저 눈치와 운으로 만들어낸 껍데기에 불과하다. 그나마 다행인 건, 이 불편한 진실을 고등학교 입학과 동시에 깨달았다는 점이다. 대학 입시까지 남은 3년은, 비참함을 희망으로 바꿀 수 있는 마지막 기회였다.

노력의 결과를 눈으로 확인하는 기쁨

머리가 좋지 않은 내가 선택할 수 있는 길은 오직 노력뿐이었다. 허투루 보낸 시간을 만회하기 위해, 두 배 세 배 이를 악물고 공부에 매달렸다. 그런데 어찌 된 일일까. 학업에 탄력은 붙었지만, 성적은 좀처럼 오르지 않는 아이러니한 시기가 몇 달 동안 이어졌다.

롤러코스터를 탄 듯 좌절과 희망이라는 아찔한 경계를 오가던 어느 날, 나름 충격적인 사건이 일어났다. 영어 시험을 치르고 받아 든 성적표에서 25점이라는 숫자를 발견한 것이다. 말로 설명할 수 없는 실망과 낙담에 빠져 있던 그때, 선생님께서 교실을 둘러보며 말씀하셨다.

"영어 시험, 30점 이하 맞은 놈들은 자리에서 일어나 봐라."

같은 처지의 친구 세 명과 함께 쭈뼛거리며 의자에서 일어섰다. 안 그래도 창피하고 부끄러운 마음에 고개를 푹 숙이고 있는데, 선생님의 따가운 말씀이 뒤통수에 꽂혔다.

"느그들은 이제부터 공부해서 부모님께 효도할 생각 말고, 퍼뜩 다른 길을 알아봐라. 그게 진짜 효도하는 길일 끼다."

안 그래도 시골에서 목회 활동을 하시던 부모님은 넉넉하지 않은 살림 때문에, 우리 여섯 남매를 제대로 공부시키지 못했다는 마음의 짐을 안고 사셨다. 그런 부모님의 어깨를 조금이라도 가볍게 해드리고 싶어 시작한 공부였는데 이제 와 효도를 포기하라니….

가슴 깊은 곳에서 이유 모를 설움이 북받쳐 올랐다. 동시에 좋지도 않은 머리만 믿고 학업에 소홀했던 자신에 대한 원망이 밀려왔다. 선생님은 효도를 포기하라고 말씀하셨지만, 학생이 할 수 있는 최고의 효도는 공부를 잘하는 것뿐이라고 마음을 다잡았다.

하지만 한동안 손에서 놓았던 책을 다시 잡는 일은 생각만큼 쉽지 않았다. 학습이 뒤처진 탓인지, 대부분의 과목이 어렵고 낯설게 느껴졌다. 어떻게든 궁둥이를 붙이고 책상에 앉아보려 했지만 금세 몸이 근질거렸다.

일단 할 수 있는 것부터 시작하자는 생각으로, 공부에 다시 매달렸다. 책상에 앉아 있을 땐 이해가 필요한 과목에 집중하고, 사회·지리·역사·영어 단어처럼 단순 암기가 필요한 과목은 이동 시간을 최대한 쪼개 틈틈이 익혔다. 말 그대로 주경야독하며 엉덩이에 땀띠가 나도록 책상 앞에 붙어 있었지만, 어쩐 일인지 성적은 다람쥐 쳇바퀴처럼 제자를 맴돌았다.

그러다 보니, 별다른 노력 없이 점수가 쑥쑥 오르는 것처럼 보이는 친구들에게 괜한 질투심이 일었다. 나 또한 운과 눈치로 성적을 만들어낸 시절이 있었음에도, 그들의 성과를 시기하고 부러워했다.

나만큼이나 친구들도 치열하게 공부하고 있다는 사실, 그래서 등수가 쉽게 오르지 않는다는 현실을 받아들이기까지는 꽤 오랜 시간이 걸렸다. 그리고 그제야 깨달았다. 남들과 똑같은 방식으로는 그들을 앞설 수 없다는 것을. 차이를 좁히고 격차를 벌리려면 전혀 다른 전략이 필요하다. 누군가의 발자국을 따라가는 게 아니라, 나에게 맞는 경로를 스스로 설계해야만 한다.

생애 처음으로 친구들과의 비교를 멈추고 온전히 내 방식대로 배우고 익히며 실력을 쌓아가는 방법을 진지하게 고민했다. 그렇게 탄

생한 게 바로 방학 프로젝트, 이름 그대로 '돌파구'를 의미하는 브레이크스루 시즌 Breakthrough Season 이다. 그때부터 방학은 내게 휴식기가 아닌 부족함을 정밀하게 채워 넣는 골든타임으로 성격이 바뀌었다. 이에 해마다 방학이 돌아오면 학기보다 더 깊이 책상에 파묻혀 약점을 분석하고 빈틈을 철저히 메우는 데 집중했다.

'노력은 배신하지 않는다'라는 말을 증명하듯 방학이 끝날 때마다 성적은 조금씩 오르기 시작했고, 등수도 점점 한 자릿수에 가까워졌다. 그제야 비로소 노력의 결과를 눈으로 확인하는 기쁨을 느낄 수 있었다.

1등의 교만함과 2등의 간절함

어느덧 고등학교 3학년, 대입 준비가 본격적으로 시작되었지만, 내게 허락된 선택지는 많지 않았다. 등록금이 비싼 사립대학은 말 그대로 언감생심, 감히 넘볼 수 없는 그림의 떡이다. 현실적으로 노려볼 수 있는 건 학비가 저렴한 국립대학교뿐.

대학에 진학한다고 모든 문제가 해결되는 것도 아니었다. 가정교사나 과외로 학비를 충당하기 위해서는 반드시 명문대라는 타이틀을 따야만 한다. 재수는 꿈도 꿀 수 없는 상황, 이번에 끝내지 못하면 대학 진학은 물거품이 될 터다. 주어진 단 한 번의 기회, 나는 그 하나에 모든 것을 걸기로 마음먹었다.

공부에 온전히 집중할 수 있는 공간이 필요했지만, 형제가 많은 집안은 늘 소란스러웠다. 마침 마당 한구석, 벽돌 위에 슬레이트 지붕을 얹어 놓은 허름한 창고가 눈에 들어왔다. 그곳을 직접 개조해 공부방으로 만들기로 결심했다.

벌레를 제거하기 위해 살충제를 뿌리고, 목재소에서 얻어온 자투리 나무를 바닥에 깔았다. 먼지가 펄펄 날리는 벽은 신문지와 종이를 덧붙여 나름 인테리어도 완성했다. 그렇게 생애 처음으로 나만의 공간이 생겼다. 비록 궁색하고 초라했지만 오직 학업에만 몰두할 수 있는 공간이 생긴 것만으로도 족하다.

설렘도 잠시, 곧 겨울이 닥쳐왔다. 창고 틈새로 스며든 칼바람은 살을 베듯 매서웠고, 손가락이 얼어붙어 연필조차 쥘 수 없게 만들었다. 고민 끝에 집 안에서 30촉짜리 전구 두 개를 끌어와 하나는 조명으로, 하나는 난방용으로 사용했다.

하지만 살을 파고드는 찬바람 앞에선 속수무책이었다. 매서운 추위에 이가 부딪히고 온몸이 덜덜 떨렸지만 얼어붙은 두 손으로 전구를 감싸 쥔 채, 길고 긴 겨울밤을 버티는 수밖에 없었다.

겨울이 지나자 정반대의 문제가 찾아왔다. 7월의 불볕더위 속, 창고 안은 찜통 그 자체였다. 앉아 있기만 해도 숨이 턱턱 막히고, 등에서는 땀이 비 오듯 흘러내렸다. 도저히 더는 버틸 수 없어 공부방을 포기하고 학교 도서관으로 향했다. 도서관 문이 닫힐 때까지 남아 있다가 밤늦게야 집으로 돌아오는 날들이 이어졌다.

인간의 의지만큼 강하면서 약한 게 또 있을까? 그렇게 각오를 다졌음에도 시간이 조금만 지나면 자세가 흐트러지고 잡념이 스며들었다. 결국 최후의 수단으로 삭발을 선택했다. 마음이 흔들릴 때마다 거울 앞에 서서, 새파란 까까머리를 보며 '내게 주어진 기회는 단 한 번뿐'이라고 되뇌었다.

그러던 어느 날, 학교에서 단체 영화 관람 소식이 들려왔다. 텔레비전도 흔치 않던 시절, 대형 스크린으로 영화를 본다는 건 정말이지 엄청난 이벤트다. 게다가 이 기회를 놓치면 언제 다시 극장에 갈 수 있을지 아무도 모른다. 흔치 않은 호사에 마음이 흔들렸지만 이내 생각을 다잡았다. 하고 싶은 걸 모두 즐기면서 목표를 이룰 만한 능력이 내겐 없었기 때문이다.

그런 노력이 헛되지 않았는지 고등학교 3학년 2학기에는 반에서 2등을 차지했고, 예비고사에서는 전국 486등이라는 성적을 받을 수 있었다. 그리고 마침내, 바라던 대학에 합격하는 기쁨도 누렸.

영어 25점, 전교 459등이라는 이유로 주저앉았다면, 결코 맛볼 수 없었던 행복이다. 때로는 1등의 교만함보다 2등의 간절함이 훨씬 더 큰 성실을 만들어낸다. 비록 꼴찌에서 시작하더라도, 묵묵히 한 길을 걷다 보면 언젠가 제힘으로 날아오를 순간이 반드시 온다. 중요한 건, 쫓기는 자의 불안이 아니라 쫓는 자의 여유로 끝까지 버텨내는 태도다.

비즈니스도 마찬가지다. 지금까지 사업을 하면서 '반드시 1등을 해야 한다'라는 강박에 사로잡힌 적은 없다. 그저 주어진 자리에서 최선을 다하다 보면 자연스럽게 고객이 늘고, 점유율과 순위도 뒤따랐다. 반대로, 1등을 향한 지나친 집착이 무리한 선택을 부르고, 끝내 자신을 함정에 빠뜨리는 경우를 수도 없이 목격했다. 정상을 향한 과도한 욕심이 스스로를 무너트리는 것이다.

가난은 임금님도 구제하지 못한다는 말이 있듯, 자신을 포기한 사람은 그 누구도 일으켜 세우기 어렵다. 비록 지금은 볼품없고 초라한 모습일지라도, 우리는 하나님이 허락하신 고귀한 존재다. 이러한 사실을 잊지 않고 최선을 다하다 보면, 남을 부러워하던 내가 어느새 부러움의 대상이 되어 있는 날이 온다. 자신도 모르는 사이 누군가의 이정표가 되어 있는 순간을 맞이하게 된다.

약국 (경영)합니다

한 건물 너머 또 한 건물에 커피전문점이 있고, 한 집 건너 하나꼴로 고깃집이 있는 현실이다. 이와 같은 제 살 깎아 먹기식의 과잉 경쟁은 수익성 저하와 직결된다. 실제로 우리나라 전체 취업자의 27퍼센트가 자영업에 종사하고 있으며, 3명 중 1명은 최저 생계비에도 미치지 못하는 소득으로 살아간다는 통계도 있다.

이 치열한 생존 전쟁에서 살아남으려면, 조막만 한 구멍가게를 운영하더라도 '장사'가 아닌 '경영'을 한다는 마인드와 태도가 요구된다. 작은 손수레에서 호떡을 팔더라도 자신만의 신념과 경영 철학이 필요하다는 말이다.

일례로, 약사들에게 직업을 물으면 십중팔구 '약국을 한다'라고 대답한다. 과거 나 또한 사람들이 '무슨 일을 하느냐?'라고 물어 오면 비슷한 답변을 내놓곤 했다. 하지만 여느 약사들과 분명한 차이는 있었다. 입으로는 "약국을 합니다"라고 말했지만, 마음속으로는 언제나 "약국을 (경영)합니다"라고 되새기고 있었기 때문이다.

대한민국에서 가장 작고 영세한 약국을 운영하면서 '경영'을 운운하는 것은 다소 거창하게 보일 수 있다. 호사가들에게 비웃음 사기 딱 좋은 표현이기도 하다. 그래서 차마 입 밖으로 꺼내지는 못했지만, 약국 문을 연 첫날부터 스스로를 '경영자'라고 생각했다. 그리고 이런 생각을 현실로 만들기 위해 가장 먼저 한 선택이 바로 약사 고용이다.

채용한 약사의 월급은 매달 60만 원, 연간 720만 원에 달했다. 당시 형편으로 꽤 부담스러운 금액이었지만, 그 정도 손실을 감수하지 않고 변화를 기대하는 건 어불성설이라 생각했다. 다행히 결과는 기대 이상이었다. 상근 약사는 약국을 한층 더 알차고 전문적으로 보이게 할 뿐 아니라 영세한 매장이라는 핸디캡을 상쇄하는 데에도 큰 도움을 주었다. 게다가 급한 일이 생겼을 때 부담 없이 자리를 비울 수 있어, 운영 면에서도 훨씬 여유로웠다.

그때부터 나는 더 큰 성장을 꿈꾸며 전국의 유명 약국을 찾아다니기 시작했다. 현장에서 직접 부딪히며 쌓아온 선배들의 실전 노하우를 배우기 위함이다.

장사를 할 것인가? 경영을 할 것인가?

당시 약사들은 경영에는 무심한 반면, 자신의 전문 지식을 갈고 닦는 데에는 유난히 큰 자부심과 열의를 보였다. 그 결과, 약국을 찾는 사람들을 고객이 아닌 환자로만 대하는 태도가 은연중 자리 잡았다. '나는 약사지, 일개 장사꾼이 아니다'라는 고정관념은 다소 고압적인 응대를 낳았고, 이는 자연스레 서비스 부족으로 이어졌다. 경영 철학의 부재가 만든 편향된 자세가 약국 문턱을 높여버린 셈이다.

원론적으로 약국의 경영 대상은 '환자'라는 이름의 고객이다. 그리고 그 고객은 단지 지금 아픈 사람만을 뜻하지 않는다. 아직 건강하지만 언제든 환자가 될 수 있는 미래 고객까지 포함된다.

마찬가지로, 약국에서 다루는 제품 역시 단순한 치료용에만 국한되지 않는다. 질병 예방은 물론 건강식품과 영양제, 각종 생활용품까지 그 범위는 생각보다 훨씬 넓고 다양하다. 약국 앞을 지나치는 모든 이를 잠재 고객이라 여겨도 무방하다는 뜻이다.

그래서 나는 약국이 단순히 약을 조제하고 판매하는 공간이 아닌, 건강 전반에 대한 솔루션을 제공하는 플랫폼으로 거듭나야 한다고 생각했다. 그래야만 단순한 '장사'에 머물지 않고, 지속 가능한 '경영'으로 발전할 수 있다는 결론을 내렸다.

문제는 규격화된 약품을 판매하는 약국에는 사람들의 시선을 끌 만한 제품이나 톡톡 튀는 아이디어 상품이 없다는 점이다. 최신 트렌드를 반영한 잇템이나 핫템 역시 기대하기 어렵다. 어느 지역, 어느 약국을 가도 똑같은 약품을 살 수 있는 만큼, 이 업종의 경쟁력을 결정짓는 건 단 하나, 바로 '고객 만족'이다.

이에 나는 고객 만족을 최우선 과제로 삼되, 이를 단순한 구호로 끝내지 않기 위해 '섬김의 비즈니스'를 실천에 옮겼다. 섬김의 비즈니스의 대표적인 예로 인사를 들 수 있는데, 손님이 15도로 인사하면 30도로, 30도로 인사하면 60도로, 60도로 인사하면 90도로 허리를 숙였다. 교방동 사람들은 '서울대 출신 젊은 약사의 머리 숙임'을 어색해하면서도 그 진심만은 고맙게 받아들였다.

이처럼 정성을 쌓고 감동을 더하는 일상의 반복은, 일회성 거래를 지속 가능한 관계로 바꾸는 강력한 힘이 되었다. 관계가 깊어지자 팬이 모이고, 팬이 쌓이자 브랜드가 만들어졌다.

약국 경영은 단순히 약을 조제하고 판매하는 수준에 머물러서는 안 된다. 약국을 책임지는 운영자는 환자와 고객의 니즈를 정확히 파악하고, 효과적인 운영 전략을 수립하며, 지속 가능한 성장 구조를 주도적으로 설계할 수 있어야 한다. 하지만 정작 약학대학에서는 이렇게 중요한 '경영 교육'을 제대로 가르치지 않는다.

사실 전공 공부만으로도 숨 가쁜 대학 시절에는 경영의 필요성을 체감하기 어렵다. 그래서 대부분은 졸업 후 차가운 현실의 벽에 정면으로 부딪치고 나서야 그 중요성을 온몸으로 깨닫는다. 이는 비단 약사만의 문제는 아닐 것이다. 자영업자라면 누구나 마주하게 되는, 뼛속까지 공감할 수밖에 없는 이야기라 생각된다.

수영복 하나 달랑 걸치고 물가로 내몰린 사람은 잠수복에 산소통까지 준비한 다이버를 당해낼 수 없다. 경영도 마찬가지다. 경영을 모르는 약사는 경영에 눈뜬 약사를 상대하기 어렵다. 경영에 무관심한 치킨집 사장은 경영을 꿰뚫은 통닭집 사장을 이기기 힘들다.

무엇보다 전문성 하나로 버티는 시절은 끝났다. 또한 창업 초기 운 좋게 매출이 터질 수는 있어도, 운으로만 버텨내는 건 사실상 불가능하다. 경영 마인드, 실전 감각 그리고 이론적 기준점, 이 삼박자를 갖춰야 비로소 성장이라는 이름의 열차에 올라탈 수 있다. '이론'이라는 뼈대 위에 '실행'이라는 살이 붙어야만 '성장'이라는 몸집이 만들어진다.

참고로 나 역시 경영학을 따로 배우거나 전공한 적은 없다. 하지만 우연히 접한 책 한 권이 사고방식을 완전히 바꿔 놓았다. 그 결정적 계기가 된 도서가 바로 「경영학 원론」이다.

이 책의 서두는 기업의 존재 목적과 더불어 기업이 감당해야 할 사회적 책임을 깊이 있게 다루고 있다. 단순히 주주와 종업원의 이익을 넘어 그 일부를 사회에 환원하는 것이야말로 진정한 기업의 역할임을 강조한다. 이는 내가 오랜 시간 가슴속에 품어온 신념과 완벽히 일치했다.

그때부터 경영의 본질을 제대로 이해하고자 하는 갈망이 커졌고, 덕분에 「경영학 원론」을 열 번 이상 숙독하며 깊이 탐구할 수 있었다. 이 책은 약국 경영의 든든한 이론적 토대가 되었을 뿐 아니라, 지금도 내 삶과 경영의 방향을 이끄는 소중한 나침반과 같다. 이토록 값진 지침서를 건네준 고승철 선배님前 동아일보 출판국장께 이 자리를 빌려 깊은 감사의 마음을 전한다.

'담뱃갑만 한 구멍가게 하나 하는데 뭐…'라는 생각부터 버려야 한다. 사람이 하나 겨우 지나다닐 정도로 좁은 공간에서 시작한 가게라고 해서, 수백수천 개의 가맹점을 두지 말라는 법은 없다. 나는 4.5평 약국에 앉아서도 '장사를 하면 일개 약국 주인으로 끝날 것이고, 경영을 하면 미래의 CEO가 될 것'이라고 믿었다. 그리고 지금, 그 믿음은 현실이 되었다.

단순히 '장사'를 하며 10년 후에도 장사꾼으로 머무를 것인가, 아니면 '경영'을 통해 한 기업의 대표로 성장할 것인가. 선택은 언제나 자신의 몫이다.

비법을 가르쳐 주십시오

적지 않은 이들이 경영학은 기업 CEO와 대기업 임원들에게나 필요한 학문이라고 생각한다. 그러나 작은 가게 하나를 꾸려가는 데에도 경영학의 원리는 고스란히 적용된다. 그중에서도 '모방의 경영학'과 '자기화'는 초보 약사였던 내게 생존을 위한 전략이자, 경쟁력을 키우는 출발점이 되어 주었다.

모방은 위대한 창조자들조차 피해 가지 않는다. 일례로 입체파 거장 파블로 피카소는 '그가 자꾸 내 작품을 훔쳐 가서 미치겠다'라는 동료들의 성토가 이어질 만큼, 타인의 작품을 자신만의 언어로 재해석하는 데 능했다.

여기 태어나 처음으로 책상을 만들어 제출하라는 과제를 받은 A와 B가 있다. A는 처음부터 끝까지 모든 과정을 혼자 힘으로 터득하려 애쓰는 반면, B는 다양한 레퍼런스를 참고하며 그대로 따라 한다. 그것도 모자라 어느새 자신만의 아이디어를 더해 응용까지 하고 있다. 과연 누구의 결과물이 더 뛰어나겠는가? 굳이 말하지 않아도 답은 뻔하다. 바로 B다.

수많은 시행착오 속에서 길을 찾느라 시간을 다소 허비한 A와 달리, B는 이미 검증된 방법을 효율적으로 활용해 목표에 한발 먼저 닿을 수 있었다. 이는 마치 눈 덮인 언덕을 오를 때, 앞차가 남긴 바퀴 자국을 따라가면 비교적 안전하고 수월하게 목적지에 도달할 수 있는 이치와 같다.

이처럼 지혜로운 모방은 학습 속도를 높이고, 실전에 빠르게 적용할 수 있는 강력한 도구임이 분명하다. 문제는 '자기화'다. 배운 것을 단순히 흉내 내는 데 그치지 않고, 자신만의 방식으로 소화하고 재창조하는 과정이 필요한 것이다.

나 역시 처음에는 '모방'이라는 이름의 재창조 과정을 거쳤다. 약국을 성공적으로 운영하는 선배들의 조언을 귀담아듣고, 적합하다고 판단되는 것들은 과감하게 적용했다. 타인의 경험을 통해 실전에 바로 응용할 수 있는 경영 노하우를 배운 셈이다.

하지만 어느 순간부터 친한 선배들의 조언만으로는 뭔가 부족하다는 느낌이 들었다. 보다 주체적이고 밀도 있는 배움을 향한 갈증이 마음 깊은 곳에서 피어올랐다. 그래서 전국의 유명하고 특색 있는 약국들을 찾아 나서기 시작했다. 서울, 대전, 대구, 부산, 의정부… 배울 게 있다면 아무리 먼 곳이라도 마다하지 않았다.

그렇게 일면식도 없는 약국의 문을 열고 들어서면, 허리를 90도로 숙이고 정중하게 부탁했다.

"약사님 소문을 듣고, 멀리 마산에서 왔습니다. 성공적인 약국 경영의 비결을 배우고 싶습니다. 비법을 가르쳐 주십시오."

당황함도 잠시, 선배들은 자신의 성공 비결을 배우려고 먼 길을 찾아온 후배의 진심에 기꺼이 마음을 열었다. 그러고는 수년, 혹은 수십 년 동안 갈고닦은 경쟁력과 노하우를 아낌없이 내어주었다. 자신의 가치를 진심으로 존중하며, 무엇이든 배우려는 열정적인 태도에 후한 점수를 준 듯하다.

그렇게 4년 정도가 지나자, 이미 실천하고 있는 내용을 '비법'이라며 전수하는 경우가 많아졌다. 나도 모르는 사이, 선배 약사들과 어깨를 나란히 하는 위치에 서게 된 것이다. 때로는 역으로 노하우를 알려주고 싶은 곳도 있었지만, 괜한 주제넘음으로 비칠까 싶어 그저 감사 인사만 남긴 채 돌아오곤 했다.

'더 이상 먼 길을 오가며 굳이 배울 필요 없다'라는 결론에 도달한 건, 그로부터 2년이 더 지난 뒤다. 무려 6년이라는 시간 동안, 모방과 자기화 그리고 재창조라는 터널을 통과해 온 셈이다.

삼인행 필유아사三석 삼, 人사람 인, 行다닐 행, 必반드시 필, 有있을 유, 我나 아, 師스승 사라는 말이 있다. 세 사람이 길을 가면, 그중 누구라도 나의 스승이 될 만한 사람이 있다는 뜻이다. 실제로 그렇다. 그저 고운 말투, 예쁜 미소, 성실한 태도, 하다못해 쓰레기를 줍는 습관까지 주변 사람의 좋은 점만 모방해도 인생은 분명 달라진다.

수많은 사람의 강점을 '내 것'으로 흡수하려면 우선 타인의 장점을 폄하하지 않고, 겸허하게 받아들이는 자세가 필수다. 배움은 그렇게 시기와 질투를 내려놓고, 상대를 진심으로 인정하는 데서 시작된다. 일례로 장기나 바둑을 잘 두는 사람에 '실력 향상의 비결'을 물어보면 다들 비슷한 대답을 내놓는다. 고수들이 놓았던 수를 그대로 따라 두어보는 것. 복기를 통해 한 수 한 수를 되짚으며 실력을 쌓아가는 것이다.

그렇다. 평범한 사람이 비범해지는 가장 현실적인 방법은 검증된 성공 요인을 조합하고, 거기에 자신만의 시각을 더해 발전시키는 것뿐이다. 나 역시 이러한 과정을 거쳐, 육일약국 200배 성장이라는 놀라운 성과를 만들어낼 수 있었다. 결국 성공은 '무엇을 모방했는가?'보다 '그것을 어떻게 자신의 것으로 만들었는가?'에 달려 있다.

최고가 되고 싶다면, 먼저 최고를 철저히 따라 하라. 도약은 언제나 그렇게 정교한 모방에서 시작된다.

적절한 타이밍의 미학

어느 해 여름, 보기 드문 대형 태풍이 한반도를 강타해 온 나라가 쑥대밭이 되었다. 텔레비전 화면 속에 비친 수재민들의 모습은 그야말로 아비규환, 하루아침에 삶의 터전을 잃은 그들의 상실감이 얼마나 클지 감히 짐작조차 할 수 없었다.

피해 소식을 접한 그날 밤, 잠자리에 들기 전 하나님께 기도를 드리고 50만 원이 담긴 성금 봉투를 따로 준비해 두었다. 날이 밝는 대로 방송국에 찾아가기 위해서다. ARS나 인터넷 뱅킹 같은 기부 시스템이 없던 시절, 재난이 닥치면 사람들은 모금함이 설치된 방송국으로 하나둘씩 모여들곤 했다.

자영업자로서 시간을 내기 쉽지 않았기에, 이른 새벽 눈을 뜨자마자 방송국으로 향했다. 그런데 서둘러도 너무 서두른 모양이다. 방송국에서는 아직 접수처를 마련하지 못했으니 잠시 기다려달라고 한다. 얼마나 지났을까. 직원들이 분주하게 움직이며 접수처를 설치하기 시작했다. 마침내 본격적인 접수가 진행되었고, 나는 그 자리에 모인 사람 가운데 가장 먼저 성금 봉투를 전달하는 영광을 얻었다.

안 그래도 바쁜 아침, 예상보다 많은 시간을 방송국에서 소비했기에 서둘러 교방동으로 돌아와 약국 문을 열었다. 그리고 언제나 그렇듯 정신없는 하루를 보내며 수재의연금에 관한 생각은 까맣게 잊어버렸다. 사실 그 일만 일어나지 않았다면, 굳이 이 이야기를 꺼낼 이유도 없었을 것이다.

그날 저녁, 가족들과 함께 저녁을 먹으며 뉴스를 보는데 수재의연금 접수 내역이 방송되기 시작했다. 그런데 뉴스 말미, 전혀 예상치 못한 장면이 나왔다. 약국 상호와 함께 내 이름이 보도된 것이다. 모금 첫날이라 그런지 성금을 낸 사람이 많지 않았던 모양이다. 순간 뿌듯한 마음과 쑥스러움이 뒤섞인 묘한 감정이 밀려왔다.

다음 날 아침, 약국 문을 열자마자 손님들이 몰려들었다.

"약사님! 어제 뉴스에 나온 게 약사님 맞지요?"

그날 교방동은 온종일 '수재의연금을 기부한 젊은 약사'와 '우리 동네에서 처음으로 텔레비전에 이름이 등장한 사람'에 대한 이야기로 떠들썩했다.

이후 전국 각지에서 수재민을 향한 온정의 손길이 이어졌다. 기탁자와 성금 규모도 부쩍 늘었다. 뉴스는 고액 기탁자를 중심으로 소식을 전했고, 소액 기부자의 이름은 더 이상 화면 어디에도 보이지 않았다. 만약 사람들의 기부 소식을 본 후 뒤늦게 성금을 준비했다면, '이 정도 액수로 괜찮을까?' 하는 부담이 앞섰을지도 모른다. 금액이 충분하지 않다는 생각에 기부를 주저했을 수도 있다.

하지만 도울 기회가 왔을 때, 망설이지 않고 행동한 결과 나름의 보람은 물론 칭찬과 덕담이라는 보너스를 얻게 되었다. 그리고 그날, 타이밍 하나가 전혀 다른 결과를 불러온다는 사실을 깨달았다. 같은 행동이라도 결정적 순간을 포착하면, 몇 배 더 큰 효과를 발휘하는 '타이밍의 미학'을 배운 것이다.

진심 못지않게 중요한 형식

엠베스트가 어느 정도 자리를 잡았을 무렵, 나는 구성원들에게 한 가지 약속을 했다. 매출 목표를 달성하면 그 노력에 걸맞은 보상을 하기로 한 것이다.

그러던 어느 날, 모니터 속 매출 그래프가 약속한 목표에 성큼 다가서고 있는 게 보였다. 아무리 봐도 오늘 안에 목표를 넘길 것 같은 분위기다. 곧바로 관련 직원을 불러, 신권을 넉넉히 준비해달라고 부탁한 뒤 업무 틈틈이 매출을 확인했다.

 몇 시간 후, 마침내 그래프가 목표치를 힘차게 돌파하며 아름다운 상승 곡선을 그려냈다. 당장이라도 사장실을 뛰쳐나가 구성원들과 기쁨을 나누고 싶었지만, 일부러 시간을 확인한 뒤 조용히 몇 분을 더 기다렸다. 혹시 그사이 발생할지도 모를 환불에 대비하기 위한 나름의 안전장치였다.

 매출 목표를 달성한 바로 그 순간 보너스가 지급되리라고는 아무도 예상하지 못했기에, 주는 사람은 물론이고 받는 사람의 행복도 배가 되었다. 모두 하나 되어 '파이팅'을 외치는 모습을 보고 있자니, '밥을 안 먹어도 배가 부르다'라는 말의 의미가 절로 실감 났다. '타이밍' 하나가 전혀 다른 차원의 감동, 전혀 다른 의미의 보너스를 만들어낸 셈이다.

 이런 이야기를 하면 '요즘도 봉투를 나눠주는 회사가 있느냐'라며 놀라는 사람이 있다. 물론 이체 한 번이면 간단하게 끝날 일인 걸 안다. 하지만 왠지 송금만으로는 마음이 닿지 않을 듯하다. 다소 촌스러워 보일지 몰라도, 진심은 숫자가 아니라 손끝에서 전해진다고 믿는 사람이라 그렇다.

 선물도 그냥 건네는 것과 정성껏 포장해 주는 게 다르듯, 형식은 진심 못지않게 중요하다. 경영자가 보너스를 약속했다면, 그 약속은 반드시 제때 이행되는 형식을 띠어야 한다. 기일이 늦어지면 구성원들은 보상의 크기보다 '약속을 지키지 않는 경영자'를 먼저 떠올리게 된다. 뒤늦게 보너스를 지급해도 특별한 보상이 아니라 '당연히 받을 돈을 이제야 받은 것'으로 여기기 쉽다. 타이밍 하나로 기쁨과 동기부여는 사라지고 그저 입금 내역으로만 기록되는 것이다.

이처럼 모든 일에는 타이밍이 중요하다. '돈'과 관련된 타이밍은 더욱 그렇다. 나는 조직원들의 역량을 믿기에, 대부분의 일은 자율적으로 맡기는 편이다. 하지만 거래처와의 약속을 지키지 않거나, 지급해야 할 것을 제때 주지 않는 일만큼은 묵과하지 않는다. 그런 일이 발생하면, 단호하게 지적하고 재발 방지 장치를 마련한다. 단지 약속을 지키는 것만으로도 신뢰와 만족은 배가되기 때문이다.

단적인 예로 은행 대출을 생각해 보라. 대출금을 기한 내에 상환하면 빚이 정리될 뿐 아니라, 신용도 함께 쌓인다. 당연한 일을 했을 뿐인데 '신뢰'라는 프리미엄이 따라붙는다. 날짜와 시간 그리고 약속을 철저히 지키는 것. 이 단순한 원칙 하나가 나를, 가게를, 회사를 신뢰받는 브랜드로 만든다.

'안 되는 것'과
'안 해본 건' 다르다

어려운 일이 닥칠 때마다 떠올리며 용기를 얻는 성경 속 장면이 있다. 바로 구약성서 민수기에 나오는 가나안 정탐 이야기다.

하나님은 모세에게 각 지파의 지휘관들을 보내 가나안 땅을 정탐하라고 명하신다. 이에 모세는 열두 명의 정탐꾼을 뽑아 "그곳에 얼마나 많은 사람이 살고, 그들이 얼마나 강한지, 또 땅은 농사짓기에 적합한지 살펴보라"라고 이른다.

마침내 40일간의 탐험을 마치고 돌아온 정탐꾼들이 모세 앞에 섰다. 그리고 그중 열 명은 다음과 같이 말한다.

"가나안 땅은 매우 비옥해 농작물이 잘 자라지만, 그곳 백성들은 거인 같습니다. 메뚜기 같은 우리가 그 땅에 들어간다면 그들의 칼날에 쓰러지는 것은 물론 가족까지 포로가 될 것입니다."

제대로 맞서보지도 않고 패배를 받아들인 셈이다. 그러나 이때 단 두 사람, 여호수아와 갈렙은 전혀 다른 목소리를 낸다.

"가나안 백성을 두려워할 필요가 없습니다. 하나님이 함께하시므로 우리는 반드시 이길 수 있습니다."

'이스라엘 백성이 홍해를 건넜다는 소식에 가나안 사람들의 간담이 녹았다'라는 성경 말씀처럼, 그들은 가나안이 오히려 이스라엘을 두려워하고 있음을 꿰뚫어 보았다. 결국 긍정적인 믿음과 용기를 지닌 여호수아와 갈렙은 약속의 땅 가나안에 입성했지만, 두려움에 휩싸인 나머지 사람들은 광야에서 생을 마감하게 된다.

새로운 일을 시작할 때면, 언제나 열 명의 정탐꾼처럼 '한계를 단정 짓는 이들'이 가장 먼저 모습을 드러낸다. 그들은 자신의 생각을 현실적 조언이나 친절한 충고로 포장하지만, 실은 마음속 두려움을 다른 방식으로 드러내고 있을 뿐이다. 인생을 바꾸고 싶다면, 이런 다수의 논리에 휩쓸리지 말고 여호수아와 갈렙처럼 승자의 안목을 가져야 한다. 숨겨진 가능성을 발견하고, 끝까지 도전하는 용기를 잃지 말아야 한다.

이때 주의할 점이 하나 있다. 무모함과 신념을 혼동해서는 안 된다는 것이다. 그저 오기와 만용으로 밀어붙이는 행위는 도전이 아니라, 자신을 스스로 파괴하는 무책임한 집착일 뿐이다.

보리밭의 기적

영남산업 대표이사 시절의 일이다. 당시 회사는 공장을 임대해 운영하고 있었는데, 사업이 빠르게 성장하면서 신축이 불가피한 상황이 되었다. 분명 반가운 일이었지만, 문제는 자금 사정이 넉넉지 않다는 점이었다.

위치와 가격 등 여러 조건을 따져가며 부지를 찾아다니던 중, 마침내 조건에 맞는 땅을 발견했다. 일사천리로 계약을 진행하고 토목공사에 들어갔는데, 담당자로부터 다급한 전화가 걸려 왔다.

"사장님요, 일났음니더! 부지 흙을 들어내야 하는데, 1억 원 이상 필요하다고 합니더."

이미 여러 차례 현장을 직접 답사했지만, 경사가 완만해 별다른 문제가 없을 거라고 생각했다. 그런데 평탄화 작업을 위해 2천 평 부지의 흙과 돌, 즉 토사를 외부로 반출해야 한다는 것이다. 그 양은 무려 15톤 덤프트럭 3천 대에 달했다. 안 그래도 빠듯한 자금 사정에, 건축 비용만 계산했던 터라 머릿속이 복잡해졌다.

밥을 먹을 때도, 잠자리에 누웠을 때도 온통 토사에 관한 생각뿐. 돈만 있으면 간단히 해결될 일이지만 그 돈이 없는 게 문제였다. 그러던 중 문득, '고속도로 공사 현장에는 흙이 필요하지 않을까?'라는 생각이 떠올랐다. 마침 현장 인근에서 관련 공사가 한창 진행되고 있었기 때문이다. 망설임 없이 그곳으로 발길을 옮긴 후 현장 소장을 찾아 마주 앉았다.

"소장님, 공사하는데 혹시 흙 같은 거 필요 없으십니꺼?"

"안 그래도 토사를 들여올 생각이었는데, 어찌 아셨는교? 공사라는 기 말입니더, 토사를 반출해야 하는 구간이 있고, 반입해야 하는 구간이 있는데… 마침 여기는 반입 구간입니다."

사무소장의 말 한마디 한마디가 마치 복음처럼 들려왔다.

"참말로 잘됐심더. 우리 회사가 공장을 지으려고 부지를 다지는 중인데, 마침 트럭 3천 대 분량의 흙이 나왔다 아임니꺼. 그걸 좀 가져다 쓰시믄 어떻겠는교?"

말이 채 끝나기도 전에 소장은 반색하며 고개를 끄덕였다. 덕분에 우리는 1억 원 이상의 비용을 절감하고, 고속도로 공사팀은 15톤 트럭 3천 대 분량의 토사를 무료로 얻게 되었으니 그야말로 누이 좋고 매부 좋은 일이다.

며칠 동안 골머리를 앓던 문제가 해결되어, 한결 가벼운 마음으로 현장을 찾았다. 그런데 이번에는 나이가 지긋한 마을 어르신들이 사무실로 찾아왔다. 그들은 매우 화가 난 듯 상기된 표정으로 다짜고짜 언성을 높이기 시작했다.

"보소, 내 듣자 하니 여기에 저 커다란 땀뿌트럭이 흙을 싣고 왔다 갔다 한다는데, 그기 참말이가?"

"맞심더. 공장을 지으려면 당연히 트럭이 왔다갔다 하지예. 도대체 와 그러시는데예?"

그러자 한 어르신이 버럭 소리를 지르며 말씀하셨다.

"아이고마~ 참말로, 요 겁 없는 것들 좀 보그레이! 느그들 눈깔에는 부지 진입로가 농로인 게 안 뵈나? 그 무거운 땀뿌트럭이 흙까지 싣고 댕기믄 분명 길이 망가질낀데, 다 때리치아뿌라!"

산 넘어 산이라더니 눈앞이 캄캄해졌다. 잔뜩 화가 난 어르신들을 붙잡고 급히 통사정을 시작했다.

"할배요, 농로가 파손되믄 꼭 원상 복구해드리겠심더. 약속드릴 테니 허락 좀 해주이소. 부탁입니다."

하지만 어르신들은 단호했다.

"뭘 보고 니 말을 믿노? 그리고 길이란 게 그리 쉽게 복구되는 줄 아나? 한 번 망가지믄 원상태로 만들기 힘들다 안 하나!"

아무리 사정해도 요지부동, 대표단은 '절대 용납할 수 없다'라는 말만 남긴 채 집으로 돌아갔다.

'휴, 공장 하나 세우기가 이렇게 어려워서야…'

그렇게 깊은 한숨을 내쉰 후 조용히 생각에 잠겼다. 강경한 대표단을 설득할 수 있는 묘수를 반드시 찾아야만 한다.

다음 날 그들을 다시 만났다.

"할배요. 그리 지를 못 믿겠는교? 글믄 공탁소 대신 이곳에 직접 공탁금을 걸어 놓으면 어떻겠습니꺼? 길이 망가지뿔믄 그 돈으로 보수하면 되지 않겠는교."
 잠시 의견을 주고받던 대표단이, 한결 누그러진 표정으로 물었다.
 "니 진짜 공탁금을 걸 끼가? 공탁금만 건다 카문, 우리도 공사를 막을 이유가 음다."
 정말이지 극적으로 노사협상이 타결된 분위기였다. 이제 어르신들의 허락도 얻어냈으니, 별다른 사고 없이 공사만 진행하면 될 터다.

 그런데 막상 공사를 시작하려고 보니, 마을 어르신들의 걱정이 괜한 우려가 아니었음을 깨달았다. 그들의 말대로 15톤 트럭이 지나가기에는 무리인 농로 구간이 적지 않았다. 자칫하면 공장 건설비보다 농로 복구비가 더 들 수도 있는 상황이다.
 수시로 부지 주변을 오가며 해결책을 고민하던 중, 갓 싹을 틔운 푸른 보리밭이 눈에 들어왔다. 봄기운 완연한 풍경을 보니 답답했던 마음이 한결 가벼워지는 듯했다. 그런데 바로 그 순간, 기막힌 아이디어 하나가 떠올랐다. 농로가 아닌 보리밭으로 트럭이 지나다니면 문제가 해결될지도 모른다는 생각이 들었던 것이다.
 곧바로 보리밭 주인을 수소문하기 시작했고, 얼마 지나지 않아 어렵지 않게 그를 만날 수 있었다. 불행인지 다행인지 마침 보리농사가 별 재미를 보지 못하던 시기였다. 고민도 잠시, 이내 보리밭 주인의 입에서 흔쾌한 허락이 떨어졌다. 전혀 예상치 못한 곳에서 또 하나의 은인을 만난 셈이다.

그렇게 토사는 도로 대신 보리밭을 거쳐 반출되었고, 덕분에 농로는 한 군데도 손상되지 않았다. 반출 작업이 모두 끝난 후, 현장 소장을 만나 작은 봉투 하나를 건넸다. 고생한 직원들에게 따뜻한 밥 한 끼라도 대접해 달라는 부탁과 함께 덕택에 무사히 공사를 진행할 수 있게 되었다는 인사도 잊지 않았다.

공사가 끝날 무렵에는 마을 대표단에 맡겼던 공탁금 전액도 말끔히 돌려받을 수 있었다. 결국 우리가 실제로 부담한 비용은 보리 손실 보상금 30만 원이 전부였다.

마을의 너그러운 배려와 협조로 이와 같은 엄청난 복을 받았으니, 나 역시 그들에게 무언가 돌려줘야 한다. 공사가 무사히 마무리된 것에 대한 감사의 마음으로, 마을 발전 기금 300만 원을 전달했다. 그러자 한때 공탁금 문제로 언성을 높였던 대표단이 미안한 얼굴로 다가와 말했다.

"앞으로 또 무슨 문제가 생기믄 퍼뜩 말해주이소. 우리가 힘닿는 데까지 도와드릴께예."

그렇게 공장은 마을 사람들의 전폭적인 신뢰와 지원 속에서 무사히 제 모습을 갖췄다. 위기는 선택할 수 없지만 대응은 언제든 선택이 가능하다는 사실을 다시 한번 확인한 순간이기도 했다.

삼고초려? 아니, 삼십고초려

메가스터디 부사장으로 재직하던 시절의 이야기다. 학원 사업의 성패는 좋은 강사진에 달려 있다고 해도 과언이 아니다. 최고의 강사진을 확보해 최상의 강의를 제공한 것이 오늘날 메가스터디를 있게 한 요인임은 그 누구도 부인할 수 없다.

그러던 어느 날, 조직원들로부터 'EBS에 있는 스타 강사 한 분을 반드시 영입해야 한다'라는 이야기를 들었다. '우리에게 꼭 필요한 사람'이라는 구성원들의 확신에, 해당 선생님의 연락처를 받아 직접 전화를 걸었다.

당시 인천의 한 고등학교에서 학년 주임이자 고3 담임을 맡고 있던 그는, '수능을 앞둔 아이들에게 영향을 미치는 일은 절대 할 수 없다'라며, 정중하지만 단호하게 거절 의사를 밝혀왔다. 강의료와 교재 인세 덕분에 경제적으로도 충분히 만족하고 있으니, 굳이 필드를 옮길 생각이 없다는 말도 덧붙였다. 보기 좋게 거절당한 셈이다.

그의 결연한 태도에 일단 물러섰지만, 그 후로도 틈틈이 전화를 걸어 안부를 챙겼다.

대략 열다섯 번째 통화였던 것으로 기억한다. 항상 예의 바르게 거절하던 그가 다소 언짢은 기색을 감추지 못한 채 목소리를 높였다.

"도대체, 왜 자꾸 전화하십니까?"

순간 당황스러웠지만 그렇다고 딱히 할 말이 없었다. 그도 이 통화의 목적을 모를 리 없기 때문이다. 잠시 멈칫하던 나는 결국 이렇게 대답했다.

"그냥… 한번 해봤습니다."

어이없는 대답에 한동안 말을 잇지 못하던 그가 이내 호탕한 웃음을 터뜨렸다.

그런데 싫다는 사람을 붙잡고 주야장천 전화를 해대는 건 스토커나 다름없다. 일방적인 연락은 예의도 아닐뿐더러 결국 상대를 괴롭히는 일밖에 되지 않는다. 얼굴도 모르는 사이라면 더더욱 그렇다. 그래서 첫 통화를 나눈 뒤 얼마 지나지 않아, 약속을 잡고 인천으로 그를 찾아갔다. 직접 만나 안면을 트고 이런저런 이야기를 나누며, 혹시 심경의 변화가 있는지 조심스럽게 물어보기도 했다. 하지만 그는 여전히 여러 이유를 들며 단호히 고개를 저었다.

다소 굳은 분위기 속에서 미팅을 마치고 자리를 정리하던 중, 그가 불현듯 말을 꺼냈다. 이미 여러 곳에서 영입 제안을 받았지만 모두 거절했고, 특히 노량진의 한 입시학원은 세 번이나 찾아왔지만 끝내 자신의 마음을 돌리지 못했다고 한다. 아마도 그는 '그러니 당신도 빨리 포기하는 게 좋을 것'이라는 무언의 메시지를 전하고 싶었던 듯하다.

하지만 나는 그 말에서 오히려 하나의 실마리를 발견한 기분이 들었다. '노량진 학원이 세 번 만에 영입을 포기했다면, 나는 여섯 번 아니 일곱 번이라도 더 찾아가면 되지 않을까?'라는 생각이 머릿속을 스쳤던 것이다.

그 후로 약 8개월이 넘는 시간 동안, 서른 번 가까운 통화와 몇 번의 방문을 이어갔다. 왕복으로 대략 5~6시간이 소요되었지만, 우리에게 꼭 필요한 사람이었기에 오가는 시간이 전혀 지루하지 않았다.

여섯 번째로 인천을 찾아가 선생님을 만났다. 여느 날과 마찬가지로 별다른 성과 없이 대화를 마무리하고 주차장으로 향하던 길, 불현듯 걸음을 멈춘 그가 나를 바라보며 조용한 목소리로 말했다.

"부사장님, 매번 서울에서 인천까지 이 먼 길을 찾아오시고… 정말 삼고초려三석 삼, 顧돌아볼 고, 草풀 초, 廬오두막 려를 하시네요."

"선생님, 교통편이 좋지 않던 옛날에야 삼고초려가 대단한 일이었지만, 요즘은 자동차가 있어 두 시간이면 올 수 있는 거리입니다. 저는 삼고초려가 아니라, 적어도 삼십고초려는 해야 한다고 생각하고 있습니다. 그리고 그렇게 할 작정입니다."

삼고초려라는 말에 반사적으로 나온 대답이었다. 하지만 그는 별다른 반응을 보이지 않고, 그저 '조심히 올라가시라'는 한마디를 남긴 채 돌아섰다.

그리고 마침내 일곱 번째 만남에서 승낙을 받아냈다. 그는 제안을 거절할 때마다 마음 한쪽에 미안함이 쌓여왔다며, 나의 정성과 끈기에 깊이 감동했다는 말을 덧붙였다. 무엇보다 뜻깊었던 건, 그가 처음으로 먼저 다음 만남을 제안했다는 점이다.

"부사장님께서 일곱 번이나 이곳까지 내려오셨으니, 다음 여덟 번째는 제가 서울로 가겠습니다."

학기 중에는 사직할 수 없다는 그의 원칙을 존중해, 11월 6일 대학수학능력시험이 끝날 때까지 조용히 기다렸다. 그리고 수능 다음 날인 11월 7일, 그가 서울로 올라와 계약서에 사인하면서 우리의 만남은 비로소 결실을 맺었다.

만약 대여섯 번의 통화 또는 만남에서 그를 포기했다면 이 일은 그저 그런 해프닝으로 끝나고 말았을 것이다. '어차피 안 될 일'이라며 스스로 한계를 정하고 가능성을 시험해 볼 기회마저 차단했다면, 나 역시 노량진 학원들과 같은 처지에 머물렀을지도 모른다.

하지만 쉽게 물러날 생각이 없었기에 고비가 올 때마다, '한 번만 더'라는 용기를 꺼내 들었다. 그렇게 일곱 번의 거절을 끈질기게 견뎌내고 여덟 번째 만남에 이르러서야 그의 마음을 얻었으니, 그야말로 칠전팔기의 여정이 아닐 수 없다.

주변에서는 '도대체 그를 어떻게 설득했느냐'라고 물어왔지만, 딱히 할 말이 없었다. 끝까지 해보는 사람이 드물기에, 결국 끝까지 버틴 내가 해내는 일이 점점 많아졌을 뿐이다. 실제로 약국을 떠나 조직에 몸담기 시작한 순간부터 이런 현상은 더욱 뚜렷해졌다.

오죽하면 현장에서 가장 많이 들은 말이 바로 "사장님, 그건 안 됩니다"였다. 나는 이보다 더 빠르게 가능성을 지우는 문장을 아직 들어본 적이 없다.

"사장님, 이건 안 됩니다"

회사 워크숍을 위해 조직원들과 함께 콘도에 도착했다. 숙소에서 짐을 풀며 한숨 돌리던 찰나, 한 구성원이 상기된 얼굴로 달려와 숨 가쁘게 말했다.

"사장님, 큰일 났습니다! 객실은 이상 없는데, 회의실이 예약되지 않았답니다. 지금 다른 대안을 알아보고 있습니다만, 마땅한 방법이 없어 걱정입니다."

바로 전체 회의를 시작해야 다음 일정을 맞출 수 있는데, 이미 다른 회사들이 회의실을 사용 중이라 이용 가능한 공간이 없다고 한다.

마냥 그대로 앉아 있을 수도 없기에, 콘도 담당자를 직접 찾아가 사정을 설명했다. 그리고 '혹시 잠깐이라도 시간이 비는 회의실은 없느냐'라고 묻자, '3시에서 4시 사이, 딱 한 시간이 빈다'라는 대답이 돌아왔다.

손목시계를 보니 어느덧 3시 15분, 남은 시간은 고작 45분이다.

'그 시간이라도 회의실을 쓰겠다'라고 하자, 담당자는 '지금 바로 입장해도 30분밖에 사용할 수 없다'라며 난색을 보였다. 곁에서 이를 지켜보던 구성원들도 '조별로 자리 잡다 끝난다' '이건 안 된다'라며 고개를 저었다.

반신반의하는 조직원들을 이끌고 회의실에 들어가 전체 회의를 시작했다. 분임 토의는 조별로 각 방에서 이어가면 그만, 전체 안건을 최대한 빨리 진행해야 한다. 만약 시간이 부족하면 상대측에 양해를 구하고 조금이라도 연장받아 보리라. 운이 좋으면 그사이 다른 회의장을 확보할 수 있을지도 모른다.

우여곡절 끝에 전체 회의를 마치고 각 방으로 해산, 분임 토의를 이어갔다. 그런데 잠시 후 콘도 담당자로부터 '예약했던 회사가 갑자기 약속을 취소해, 빈 회의실이 생겼다'라는 연락이 도착했다. 덕분에 우리는 예정대로 워크숍을 무사히 진행할 수 있었다.

앞서 이야기했듯 조직에서 흔히 듣는 말 중 하나가 "사장님, 이건 안 됩니다"다. "도대체 왜 안 되느냐"라고 물으면 '이미 두세 번 시도해 봤다' '이런저런 방법을 다 써 봤다' '3개월이나 트라이 했었다'라는 대답이 돌아온다. 그런데 그들이 포기한 일에 내가 직접 뛰어들면, 그 가운데 60퍼센트 정도는 '된다'. 아니, 정말 '되었다'.

내가 특별히 문제 해결 능력이 뛰어나서가 아니다. 단지 1퍼센트의 가능성이라도 보이면, 끝까지 물고 늘어지는 근성 때문에 가능한 일이다. 남들이 2~3번 해보다 포기한 일을 7~8번 시도하고, 남들이 한 달 해보다 접은 일을 7~8개월 붙잡고 늘어지니 성공 확률이 높아질 수밖에 없다.

메가스터디에서 부사장으로 일하던 어느 날, 고객들로부터 잇단 클레임이 접수되었다. 아무리 전화를 걸어도 회사 측에서 받지 않는다는 이야기였다. 온라인 사업은 본질적으로 고객과 얼굴을 직접 마주할 수 없는 구조다. 그렇기에 전화 응대는 단순한 안내를 넘어, 신뢰를 구축하는 중요한 접점이 된다. 어쩌면 사소해 보이는 전화 한 통이 신뢰를 싹트게도 하고, 시들게도 할 수 있다.

즉시 외부 업체를 불러 전체 회선을 점검했지만, '아무 문제가 없다'라는 피드백이 돌아왔다. 하지만 며칠 지나지 않아, 또다시 항의 전화가 빗발쳤다. 고객들은 여전히 '전화가 연결되지 않는다'라며 아우성치는데, 업체는 그저 '문제 될 게 없다'라는 입장만 되풀이하고 있다. 도대체 무엇이 잘못된 것일까? 더 늦기 전에 정확한 원인을 찾아내야만 한다.

토요일 아침, 만사 제쳐 두고 출근하여 20개 회선에 일일이 전화를 걸기 시작했다. 한 번에 연결되는 회선이 있는가 하면, 수십 번 벨이 울린 끝에야 간신히 연결되는 회선도 있었다. 각 회선마다 다섯 차례씩, 총 50번의 벨이 울릴 때까지 수화기를 들고 기다렸다. 그렇게 수집한 통화 데이터는 일일이 도표로 정리해 두었다. 그 결과 12개 회선은 정상이었지만, 나머지 8개 회선에서 불규칙적인 통화 연결이 이루어지고 있음을 발견했다.

문제의 번호들을 정리해 업체에 전달하자, '최근에 증설된 회선'이라는 답변이 돌아왔다. 이어서 그들은 '애초 통화가 안 되었다면 쉽게 발견했을 텐데, 간헐적으로 연결되어 확인이 어려웠다'라는 해명도 덧붙였다. 실제로 49번째 벨이 울리고 50번째 신호에 통화로 연결되는 번호도 있었으니, 그들의 말도 이해 못 할 바는 아니다.

하지만 결정적 차이는, 바로 거기서 갈린다. 나 역시 업체 관계자들처럼 대여섯 번의 벨 소리만 듣고 다음 번호로 넘어갔다면, 결코 문제의 회선을 발견하지 못했을 것이다. 그러나 '반드시 찾아내겠다'라는 각오로 12시간 동안 자리를 지킨 끝에, 남들이 놓친 부분을 파악할 수 있었다.

이 모습을 본 사람들은 '대단하다'라고 입을 모았지만, 나는 안다. 그것은 대단한 능력이 아니라 문제를 반드시 해결하겠다는 집념과 작은 일 하나를 처리하는데도 수만 가지 방법이 존재한다는 믿음이 만들어낸 결과라는 것을.

chapter
4

나누고 베풀어라,
아버지의 유산

아버지의 생활신조

아버지는 마산 인근에서 순회 예배를 인도하던 가난한 목회자셨다. 너나 할 것 없이 모두가 궁핍한 시절, 아버지는 사례비 대신 쌀한 됫박이나 고구마 한 보퉁이를 들고 돌아오는 날이 많았다. 정직을 삶의 신조로 삼고 남에게 신세를 지는 일을 죽음보다 꺼리는 분이었기에, 살림살이는 늘 빠듯할 수밖에 없었다.

초등학교 시절에는 영양실조로 등교를 포기한 날이 적지 않았고, 중학교 때는 육성회비를 제때 낸 기억이 없을 정도다. 그럼에도 아버지는 타인에게 기대거나, 남의 것을 탐하는 일만큼은 철저히 경계하셨다. 그리고 하루도 빠짐없이 우리 여섯 남매를 위해 네 번의 기도를 올리셨다.

"우리 아이들이 나누고 베풀 수 있는 사람이 되게 하시옵소서. 이 민족이 하나님의 축복으로 한 손에는 구호 물품을, 다른 한 손에는 복음을 들고 세계로 나가 베푸는 나라가 되게 하시옵소서."

아버지의 기도 중 빠지지 않고 등장하는 저 대목을 들을 때마다, 어린 나는 고개를 갸웃거리곤 했다. 미국의 원조 식량으로 배급되는 옥수수죽과 빵을 품에 안고 터벅터벅 집으로 돌아오던 초등학생의 눈에는, 그 기도가 마치 먼 나라 이야기처럼 낯설고 어렵게만 느껴졌다. 무엇보다 당장 저녁 끼니를 걱정해야 하는 형편에, 뭣을 나누고 베풀라는 건지 알 길이 없었다. 그런데 놀랍게도 아버지의 기도는 하나하나 현실이 되어갔다.

아버지는 우리에게 정직과 자립을 바탕으로 엄격한 기독교식 교육을 일관되게 실천하셨다. 거짓말을 한 날에는 반드시 한 끼 식사를 걸러야 했고, 일곱 살 무렵부터는 한자가 섞인 성경을 하루에 한 장씩 읽어야 했다. 어른들과 함께 예배를 드릴 때는 한 시간 넘게 단정한 자세로 집중하는 것이 기본이었으며, 이때 잠시라도 한눈을 팔거나 졸음을 이기지 못하면 어김없이 호된 꾸지람이 돌아왔다.

조금의 잘못이나 눈속임도 용납되지 않는 엄한 분위기, 어린아이가 감당하기에는 만만치 않은 환경이었음이 분명하다. 그럼에도 버텨낼 수 있었던 이유는, 단순한 훈육을 넘어 진심 어린 사랑과 신앙의 온기가 깃들어 있었기 때문이다.

이미 오래전 일이지만, 아버지와 관련하여 지금도 마음속에 또렷하게 남아 있는 몇 가지 장면들이 있다. 그중 하나가 바로 방학맞이 골목 청소다.

매해 방학, 아버지는 꼭두새벽부터 나를 깨우셨다. 무겁게 내려앉은 눈꺼풀을 간신히 들어 올리고 마당으로 나서면, 아버지는 아무 말 없이 빗자루를 손에 쥐여 주셨다. 골목을 쓸라는 무언의 지시다.
아침 해가 일찍 뜨는 여름은 그나마 나았지만, 추운 겨울은 정말이지 방 밖으로 나서는 게 두려웠다. 따뜻한 이불 속이 그리워 조금이라도 늑장을 부리면, '이웃이 하기 전에 네가 먼저 해야 한다'라는 낮고 단호한 목소리가 어김없이 울려 퍼졌다.
인적 하나 없는 텅 빈 새벽 골목길, 내 처지를 대변하듯 쓸쓸한 비질 소리만이 적막을 깨우며 허공으로 번져갔다. 하루이틀 시간이 지나면서 청소 구역은 점점 넓어졌고, 어느새 앞집과 양옆 골목까지 내 몫이 되어 버렸다.

상황이 이렇다 보니 종종 '이 새벽에 내가 도대체 무엇을 하는 걸까?' 하는 회의감이 엄습했고, 빗자루를 내던지고 싶은 충동이 치밀었다. 알아주는 이 하나 없는데 왜 이토록 고집스럽게 나를 다그치시는지, 아버지가 원망스럽기도 했다.
그때는 미처 알지 못했지만 지금은 안다. 적막한 새벽 골목을 울리던 그 쓸쓸한 비질 소리가, 성실과 겸허라는 이름의 뿌리를 내 안 깊숙이 내려주고 있었음을.

얻어먹는 근성을 경계하라

그 또래 아이들이 그렇듯, 나 역시 사소한 일로 친구들과 다투는 일이 잦았다. 친구의 부모님은 으레 자식 편들기 바빴지만, 아버지는 단 한 번도 내 편에 서신 적이 없었다. 잘잘못을 따지기도 전에 먼저 꾸중이 돌아왔고, 심지어 친구 쪽에 과실이 있어도 야단은 늘 내 몫이었다. 그뿐만이 아니다.

주린 배를 움켜쥐고 방 안에 가만히 앉아 있으면, 문틈 사이로 음식 냄새가 스며드는 날이 있다. 어딘가에서 제사나 잔치가 벌어지는 모양이다. 마치 냄새에 홀린 듯 넋 놓고 있는 여섯 남매를 볼 때마다, 아버지는 한 치의 흔들림 없는 목소리로 말씀하셨다.

"이웃집에서 음식 냄새가 풍겨올 때는, 절대 그 집 문 앞을 기웃거리거나 놀러 가선 안 된다."

우리에게는 음식 냄새가 나는 이웃집에 발도 들이지 말라 하시면서, 드물게 우리 집 부엌에서 밥 냄새가 풍기는 날이면 어김없이 동네 아이들을 불러 모으셨다. 그리고 불만스러운 표정으로 앉아 있는 여섯 남매를 향해, 단호히 입을 여셨다.

"얻어먹는 근성을 경계해라. 다른 사람의 것을 거저 얻으려 하지 말고, 자립하여 오히려 남을 도와주는 사람이 되거라."

당신의 아이들이 '받는 손'이 아니라 '베푸는 손'으로 자라나길 바라는 그 마음이, 때로는 버겁게 느껴졌던 것도 사실이다. 하지만 나보다 더 어려운 이웃을 돌아볼 수 있었던 건, 이런 아버지의 묵묵한 가르침 덕분이었다. 나눔은 경제적 여유에서 나오는 것이 아니라, 마음에서 비롯된다는 사실을 아버지는 온몸으로 보여주셨다.

현상 너머, 본질을 꿰뚫는 통찰 또한 아버지에게서 배운 삶의 지혜다. 아버지는 평생 교인들의 마음을 읽으려 애쓰셨다. 사람들이 무엇을 좋아하고 무엇을 꺼리는지, 왜 교회를 찾고 왜 발길을 끊는지, 다시 예배당으로 이끌기 위해 무엇이 필요한지 등을 끊임없이 관찰하고 고민하며 점검하셨다.

여기서 머물지 않고, 교인이 증가하는 이유와 감소하는 원인을 직접 기록하고 분석하는 일에도 정성을 다하셨다. 그런 아버지의 모습을 곁에서 보고 배운 덕분에, 나는 고객의 마음을 읽는 법 그리고 그들이 진심으로 원하는 바가 무엇인지를 헤아리는 섬세한 감각을 키울 수 있었다.

또한 아버지는 '쓸 때 쓰지 않으면, 더 크게 쓸 일이 생긴다'라고 말씀하셨는데, 이는 베풀어야 할 때 베풀지 않으면 결국 더 많은 대가를 치르게 된다는 뜻이다.

나눔이 아직 몸에 배지 않았던 시절, 나도 사람인지라 지갑을 여는 게 쉽지만은 않았다. '다음 달 월세도 빠듯하지 않나? 조금 더 여유가 생기면 그때 기부를 할까?' 망설인 적도 많았다. 그럴 때면 '나누고 베풀라'라는 아버지의 말씀을 떠올렸다. '그래, 이 돈은 원래 내 것이 아니다. 더 어려운 시절도 있었는데, 이만하면 충분히 누군가를 도울 형편이 된다' 그렇게 스스로를 다잡으며 마음을 다시 세우곤 했다.

그러고 나니 이상하게 돈, 시간, 지식, 재능, 노하우, 친절, 정성, 진심, 사랑 등 내어줄 수 있는 것들이 눈에 들어오기 시작했다. 그리고 내가 나눈 것보다 훨씬 더 크고 값진 응답이 되돌아오는 놀라운 순간들을 마주하게 되었다.

내 인생의 나침반

아버지는 기도와 성경 말씀뿐 아니라 인내심, 정직, 성실, 그리고 올바른 판단력을 물려주셨다. 때로는 비현실적으로 보일 만큼 지나치게 긍정적인 그의 기도는, 낙관적 사고와 원대한 비전을 품는 토대가 되었다.

무엇보다 감사한 것은 잔머리나 잔재주 굴리는 요령 대신, 정직하고 선한 방식으로 돈을 벌고 올바르게 헌금하며 기꺼이 나누는 삶의 방식을 몸소 실천하셨다는 점이다.

　나는 이 위대한 유산을 수백억의 재산보다 더 귀하고 값진 자산이라 여기고, 두 딸에게도 그대로 전하고 싶었다. 하지만 그 가치를 전수하는 일은 생각만큼 쉽지 않았다. 어린 시절 내가 아버지의 말씀을 온전히 이해하지 못했던 것처럼, 아이들 역시 이 뜻을 쉽게 받아들이지 못한 까닭이다.

　특히 큰아이는 어려서부터 세상의 이치나 상식을 있는 그대로 받아들이는 법이 없었다. 일례로 한글을 가르치던 다섯 살 무렵에는, '사람들은 왜 이런 걸 만들어서 나를 귀찮게 하느냐, 글을 배우지 않겠다'라며 고집을 피울 정도였다. 그런 아이에게 '나누고 베풀며 살아야 한다'라는 말은 낡고 진부한 구호이자, 시대에 뒤처진 잔소리처럼 들렸을 것이다.

　아니나 다를까. 질풍노도의 시기, 녀석의 반항 아닌 반항은 절정에 이르렀다. '친구들에게 양보하라'라는 권유에 대뜸 '요즘 아빠처럼 살면 바보 취급이나 당한다. 그렇다고 누가 알아주는 것도 아닌데, 왜 자꾸 나한테 이런 걸 강요하느냐. 다른 아빠들은 이런 말 안 한다'라며 강한 불만을 터트렸다.

　아버지의 말씀이라면 묻지도 따지지도 않고 순종하던 나와 달리, 거침없이 자기 생각을 드러내는 아이의 모습에 속상하고 서운했던 것도 사실이다. 하지만 설득으로 해결될 일이 아니기에, 그저 묵묵히 지켜볼 수밖에 없었다.

어느덧 아이는 대학에 입학했고 성인이 되어 사회를 경험하기 시작했다. 그 안에서 무슨 일을, 어떻게 겪었는지 정확히 알 수 없지만 분명 마음속에 어떤 변화가 일어난 듯하다. 어느 날 갑자기 '아빠 말이 다 맞더라'라고 이야기하는 것을 보면. 그 한마디에 그간의 서운함과 답답함이 스르르 눈 녹듯 사라진 걸 보니, 나도 어쩔 수 없는 딸바보이긴 한 것 같다.

어느덧 아이는 내가 무엇을 하든 진심으로 인정하고, 아낌없이 응원하는 가장 든든한 지원군이 되었다. 그리고 아버지의 유산을 함께 이어갈 소중한 동반자로 성장해 주었다. 아버지의 유산은 그렇게 세대를 넘어 우리 삶 속에 한 줄기 숨결처럼 이어지고 있다.

마지막으로 여담이지만 '기독교인이 사업을 하면 손해 본다'라고 이야기하는 사람들을 종종 만난다. 만약 그들이 내게 사업의 성공 요인이 무엇이냐고 묻는다면, 주저 없이 '성경' 덕분이라고 말할 것이다. 사람을 이롭게 하는 기독교적 가치관과 성경에서 배운 삶의 원칙이 오늘의 나를 만든 뿌리이기 때문이다.

성경은 내게 단순한 바이블이 아니다. 그것은 성공으로 이끄는 지침서이자 인생의 나침반이며 때로는 실패를 미연에 방지하는 든든한 안전망이기도 하다.

작은 데 충성한 자가
큰 데도 충성한다

다소 낯설게 느껴지겠지만, 내가 초등학교에 다니던 시절만 해도 '국한문혼용'이 일반적이었다. 한글과 한자를 함께 사용하는 것이 너무나 자연스러웠고, 한자를 모르면 책이나 신문을 온전히 읽어내기조차 어려웠다. 이처럼 우리 일상 깊숙이 스며들어 있던 한자가 점차 사라지기 시작한 건 1970년대, 정부가 한글전용 정책을 본격적으로 추진하면서부터다.

이 이야기를 꺼내는 까닭은, 어린 시절 아버지가 내린 여러 가지 숙제 때문이다. 매일 아침 성경을 읽는 것도 그중 하나였다.

내가 성경책을 처음 펼쳐 든 건 1960년대, 초등학교도 입학하기 전이다. 문제는 한자는커녕 한글조차 제대로 익히지 못했다는 데 있다. 겨우 한글 몇 자 뗀 상황에서 빽빽한 한자와 난해한 문장으로 가득한 성경을 읽어내는 건 결코 만만한 일이 아니었다.

매일 아침 성경을 펼칠 때마다 눈앞이 캄캄했지만, 아는 글자에 의지해 더듬더듬 말씀을 읽어 내려갔다. 그러다 모르는 글자가 나와 헤매고 있으면, 옆에 앉아 계시던 아버지께서 한자의 뜻과 음을 하나하나 설명해 주셨다.

그렇게 매일 아침 성경을 읽다 보니, 일곱 살 무렵에는 저절로 글을 깨치게 되었다. 길가에 붙은 영화 포스터나 간판에 적힌 한자를 막힘없이 읽어 내려갈 정도였다. 또래보다 뛰어난 한자 실력 덕분에 초등학교 생활도 한층 더 자신 있게 펼쳐나갈 수 있었다.

초등학교 5학년이 되자, 아버지는 붓글씨 책 한 권을 내밀며 '매일 밤, 한 장씩 써보라'라고 말씀하셨다. 그날부터 나는 매일 묵향 속에 잠긴 밤을 맞이했다. 이때도 아버지는 아무 말 없이 그저 조용히 곁을 지키셨다. 그러다 어려운 한자에 막혀 혼자 끙끙대고 있으면, 넌지시 다가와 올바른 방향을 일러주시곤 했다. 무엇 하나 억지로 가르치거나 강요하기보다는, 스스로 깨닫고 익힐 때까지 묵묵히 기다리는 게 아버지의 방식이었다.

아는 만큼 보인다고 했던가. 연습을 거듭할수록 새로운 것들이 눈에 들어왔다. 대표적으로 거리 곳곳에 놓인 붓글씨 간판이 그랬다.

멋진 글씨체를 보며 연신 감탄하고, 글자 뜻을 복기하다 보면 어느새 하루가 금방 지나갔다.

그렇게 매일 밤 붓글씨에 몰두한 지 석 달쯤 지나자, 놀라운 변화가 찾아왔다. 이전에는 그저 멋지게만 보이던 간판들 속에서 어긋난 획과 미흡한 구성이 눈에 들어오기 시작한 것이다. 그런 날이면 집으로 돌아와 간판의 오류를 떠올리며, 연습에 더욱 몰두하곤 했다.

6학년이 되자, 학교에서 붓글씨 대회가 열렸다. 매일 밤 갈고닦은 실력을 바탕으로 자신 있게 대회에 나섰고, 전교 1등의 영광을 안았다. 이어 열린 마산시 전체 학예 발표회에서도 서예 부문 1등을 차지했다. 그제야 나는, 그저 귀찮기만 했던 붓글씨 공부의 진짜 재미와 의미를 알게 되었다.

돌이켜보면 참 신기하다. 하얀 건 종이요, 까만 건 글씨라는 것밖에 몰랐던 아이가 독학으로 한글과 한자를 깨치고, 또한 밤마다 혼자 연습한 붓글씨로 서예 대회에서 1등을 차지했으니 말이다. 이런 결과가 가능했던 이유는 단 하나, 아버지의 숙제 덕분이다.

아버지는 아마도 오늘 할 일을 내일로 미루지 않고, 달팽이처럼 느리더라도 끝까지 걸으면 결국 목적지에 닿는다는 진리를 몸으로 깨치게 하고 싶으셨던 게 아닐까 싶다.

왜 매일 아침 성경을 읽어야 했는지, 왜 매일 밤 졸린 눈을 비비며 붓글씨를 써야 했는지 그땐 몰랐지만, 이제는 분명히 안다. 바로 그 시간이 '땀은 거짓말을 하지 않는다' '인내는 쓰지만 그 열매는 달다'라는 지극히 평범하지만 가장 강력한 진리를 마음 깊이 새겨 놓았기 때문이다.

참고로 나는 일이든 사업이든 무언가를 새롭게 시작하면, 3개월을 기준으로 삼고 반드시 점검의 시간을 갖는다. '처음과 비교해 얼마나 나아졌는가?' '무엇이 변화했는가?' '어떤 방향으로 나아갈 것인가?' 등을 자문한 후, 흐트러진 자세를 바로잡고 부족한 부분을 보완해 나간다.

특히 청소년기는 변화와 성장의 폭이 가장 크고 역동적인 시기다. 그러니 목표가 있다면, 매일 그 방향을 향해 한 걸음씩 나아가 보라. 다소 귀찮고 버겁더라도 단 3개월만 그 습관을 이어가면, 분명 달라진 자기 모습을 확인할 수 있다. 하루도 빠짐없이 노력했음에도 단 1퍼센트의 변화를 느끼지 못한다면, 그때는 나를 찾아와도 좋다.

채울수록 넓어지고, 닿을수록 멀어지는 욕망

성공은 자전거와 같다. 앞바퀴는 성취를 향해 쉼 없이 구르지만, 그 뒤에는 실패와 절망, 좌절이라는 뒷바퀴가 필연처럼 따라붙는다. 이 자전거를 타고 있다고 상상해 보라. 전용도로를 따라 신나게 달리는 것도 잠시, 어느 순간 눈앞에 가파른 언덕이 나타난다.

이때 누군가는 장딴지가 터질 듯한 고통을 견디며 끝까지 페달을 밟아 나갈 것이고, 또 다른 누군가는 자전거에서 내려 프레임을 손으로 밀며 한 걸음씩 언덕을 오를 것이다. 하지만 이런 사람은 극소수에 불과하다. 대부분은 언덕 앞에서 일단 멈춘 뒤, 결국 핸들을 돌려 왔던 길로 되돌아간다. 그렇게 또 한 번의 여정을 미완으로 남긴 채 '나는 왜 이렇게 되는 일이 없지?'라며 한탄한다.

이처럼 포기가 습관이 된 사람은 자신을 절망이라는 굴레에 가두고 주변의 동정과 이해를 구하는 데 익숙하다. 다시 일어설 방법을 모색하기보다는, 그럴듯한 핑계와 보기 좋은 변명을 찾는 데 에너지를 소모하려 든다. 그런 자세로는 변화와 성장을 기대하기 어렵다. 아니, 도태되지 않는 것만으로도 다행이다.

매주 토요일 저녁, 텔레비전 앞에 앉아 로또 번호를 맞추며 인생 한 방을 꿈꾸고 있지 않은가? 그런 행운은 애초에 내 몫이 아니라고 생각하는 편이 정신 건강에 이롭다. 내 것이 아닌 것을 부러워해 봤자 돌아오는 건 깊은 한숨이요, 늘어나는 건 끝없는 자책과 푸념뿐이다. 사람들은 단숨에 인생을 바꿔줄 기적을 원하지만, 진짜 기적은 하루하루 쌓아 올린 '작은 일상'에서 시작되는 경우가 많다.

특히 행복의 기준을 물질에 두면, 만족은 오히려 더 멀어질 수밖에 없다. 욕망은 늘 희열을 앞서 나가고 비교는 그 속도를 재촉하기 때문이다. 혹시 처음으로 자동차를 마련했을 때의 설렘을 기억하는

가? 할부금은 부담스럽지만, 차를 인계받는 순간만큼은 왠지 모를 뿌듯함이 몰려온다.

하지만 기쁨도 잠시, 얼마 지나지 않아 더 크고 비싼 차가 눈에 들어오기 시작한다. 채울수록 넓어지고, 닿을수록 멀어지는 욕망의 속성이 그렇게 만든다. 이런 의미에서 보면 행복은 소유의 총량이 아니라, 발견의 영역에 더 가까운 게 아닐까 싶다.

'작은 일에 충성된 자가 큰일에도 충성한다'라는 성경 말씀이 있다. 퇴근 전 책상을 정돈하는 습관, 약속 장소에 일찍 도착하는 태도, 뒷정리를 마다하지 않는 마음. 이처럼 '보이지 않는 순간에도 책임을 다하려는 자세'가 당신이 어떤 사람인지를 증명한다.

흔히 '큰일을 맡아야 제 능력을 증명할 수 있다'라고 말하지만, 실제로 그 반대다. 작은 일을 제대로 해내지 못하는 사람에게, 큰일을 맡길 리더는 없다. 좋은 애티튜드를 가진 사람이 반드시 탁월한 성과를 만든다고는 할 수 없지만, 부정적인 애티튜드를 가진 사람이 좋은 성과를 만들 수 없는 것만은 분명한 사실이다.

무엇보다 일을 일정 궤도에 올리기 위해서는 돈, 시간, 사람, 기술, 경험, 전략, 시장 상황 등 수많은 조건이 정교하게 맞물려야 한다. 하지만 일을 시작할 때는 다르다. '결심'이라는 오른발과 '실행'이라는 왼발이 필요할 뿐이다. 그저 오른발, 왼발, 오른발, 왼발을 반복하는 그 작은 일에 충실하다 보면, 어느새 목적지에 다다른 자신을 마주하게 된다.

그러니 오늘 하루 오를 계단의 수를 정하고, 체력과 마음의 에너지를 현명하게 안배하라. 온몸이 땀에 흠뻑 젖고, 걷잡을 수 없이 숨소리가 거칠어지기 시작했다면 이는 곧 정상에 가까워졌다는 신호다. 정상은 언제나 그렇게 가장 고된 순간을 통과한 자에게만 말없이 풍경을 내어준다.

복은 사람을
타고 온다

"자만심을 버리자. 명문대에 입학했다는 사실을 지금, 이 순간부터 내 머릿속에서 지워버리자."

대학 입학 첫날의 일기는 이렇게 시작된다.

당시 나는 오랫동안 갈망해 온 최고 학부에 입학했다는 성취감에 깊이 도취되어 있었다. 마치 그 순간이 인생의 정점인 양, 벅찬 기대와 설렘으로 가득했다. 무엇보다도 유리한 환경에서 공부한 친구들을 제치고 앞서 나갔다는 사실이, 지난날의 설움과 열등감을 단번에 씻어주는 것 같았다.

게다가 내게 별다른 관심을 보이지 않던 사람들도, 학교 이야기가 나오면 눈빛이 달라졌다. 과외 학생의 부모님은 자신의 자녀가 나의 대학 후배가 되기를 바랐고, 군 생활 중에도 명문대 출신이라는 꼬리표가 늘 따라다녔다.

오랜 시간 그런 대우를 받다 보니, 문득문득 어처구니없는 자만심이 스며들곤 했다. 교만과 거만, 오만이라는 그림자가 따라붙지 않도록 끊임없이 경계했지만, 이를 완전히 벗어나기란 쉽지 않았다. 현실은 여전히 빠듯했음에도 불구하고 흔히 말하는 스펙, 즉 학벌 하나로 남들의 부러움을 사는 위치에 올라선 탓이다.

20대 후반, 몇 년 동안 나를 빛내주던 '명문대 출신'이라는 갑옷을 내려놓고 4.5평 약국의 주인이 되었다. 막상 사업이라는 세계에 발을 들여보니, 그동안의 경험과는 차원이 다른 태도와 사고방식이 요구되기 시작했다. 무엇보다 힘들었던 건, 원치 않는 상대에게 고개를 숙여야 하는 일이 많았다는 점이다. 도무지 머리를 숙일 이유가 없는데도, 허리를 90도까지 굽히며 부탁해야 하는 순간들이 끝도 없이 이어졌다.

'자존심을 버리면서 굳이 이 일을 해야 하나?'라는 회의감에 시달리던 것도 잠시, '아, 명문대 졸업생이라는 우월감이 또다시 고개를 들고 있구나!'라는 자각이 찾아왔다. 대학 졸업장과 알량한 자존심 외엔 내세울 게 없는 처지임에도, 자신을 누군가보다 나은 사람이라 여기고 있었던 것이다.

이후 비슷한 일이 생길 때마다, 대학교 입학식 날 밤 써 내려간 일기를 떠올리며 다짐했다.

"겸손해야 한다."

그 다짐은 이후 삶의 태도를 완전히 바꿔 놓았다. 지금의 나는 회사에서 모르는 것이 있으면 말단 사원에게라도 찾아가 기꺼이 묻는다. 배울 게 있다면, 아무리 먼 곳이라도 마다하지 않고 달려가 가르침을 구한다. 사업상 같은 배를 타야 할 사람이라면, 몇 번을 거절당해도 포기하지 않고 다시 찾아가 손을 내민다.

엘리트주의 또는 선민의식에 사로잡힌 사람들은, 자신보다 낮거나 못하다고 생각되는 이들에게 도움을 청하는 일을 구차하게 여기는 경우가 많다. 여기에 아무짝에도 쓸모없는 자존심까지 고개를 들면, 그야말로 낭패다. 도움이 절실한 순간에도 '내가 왕년에…' '내가 누군 줄 알고…' 하는 자만심에 발목 잡혀, 결국 필요한 손조차 내밀지 못하게 된다.

나 역시 아버지의 가르침이 없었다면, 지금도 우월감이라는 이름의 덫에 빠져 헛된 제자리걸음만 반복하고 있었을지도 모른다. 아버지는 힘없고 약한 사람, 배운 게 없는 사람, 겉모습이 초라한 사람을 함부로 대하는 법이 없으셨다. 오히려 그 누구보다 따뜻하게 맞으며, 정성을 다해 보살피셨다.

"겉모습만 보고 사람을 얕보거나 불손하게 대하는 건, 네게 오려던 복을 스스로 쫓아버리는 일과 다름 없다. 상대가 누구든 진심을 다해 대접하고 베풀어라. 그러면 그 복은 반드시 너에게 다시 돌아온다"라고 말씀하시며, 사람을 수단이나 목적이 아닌 그 자체로 존중하는 법을 몸소 보여주셨다.

복을 전하는 전령사들

우리가 흔히 말하는 복이나 행운은, 제비가 놀부에게 박씨를 물어다 주듯 어느 날 갑자기 하늘에서 뚝 떨어지는 게 아니다. 오히려 바로 오늘 지금, 이 순간 내가 만나는 사람을 통해 조용히 다가온다. 현재 당신 앞에 있는 사람이 '돈'을 주러 왔다고 생각해 보라. 겉모습이 허름하다고 해서, 커다란 돈가방을 든 그를 함부로 대할 수 있겠는가? 아마 쉽지 않을 것이다.

문제는 수많은 사람 중 누가 나에게 복을 줄 것인지 파악하기 어렵다는 데 있다. 눈에 불을 켜고 살펴도 '이 사람이다!' 하고 단번에 알아채기가 쉽지 않다. 그래서 나는 누구를 만나든 '내게 복을 주러 온 사람'이라고 생각한다.

특히 피하고 싶은 사람, 상대하기 꺼려지는 사람일수록 더 정성을 기울인다. 모르긴 몰라도, 그는 이미 여러 곳에서 거절과 배척을 당했을 가능성이 크다. 그래서 복을 전하고 싶어도 이를 내려놓을 '마땅한 자리'를 찾지 못한 경우가 많다.

이런 사람에게 진심을 다해 마음을 열면, 받아주는 곳 없어 늘 들고 다니던 복을 조용히 내 앞에 내려놓고 가기도 한다. 하다못해 그를 통해 진짜 복이 되는 사람을 소개받은 경우도 있다. 물론 사기꾼이나 협잡꾼 같은 사람은 예외다.

오늘 하루, 곁을 스쳐 간 사람은 몇 명인가? 일주일, 한 달이라는 시간 동안 마주친 사람은 또 얼마나 될까? 회의와 미팅, 약속 등 늘 모임에 쫓기듯 살아가지만, 가만히 돌아보면 실제로 만나는 사람은 그리 많지 않다.

몇 안 되는 그들을 허투루 대하지 말고, 매 순간 진심으로 마주해야 한다. 가족, 친구, 동료, 상사, 거래처, 동업자는 물론 집 앞 마트의 주인까지… 주변 모든 이가 복을 전하러 온 전령사일 수 있다. 그러니 누구든 머뭇거림 없이 내 삶에 걸어 들어올 수 있도록, 마음을 열고 따뜻한 태도로 맞이하자.

마지막으로 자신 있게 말하건대, 내게 찾아온 복의 90퍼센트는 사람을 타고 왔다. 돈, 사람, 기회는 물론 결정적 전환점마저 '누군가'의 입과 손을 통해 흘러들었다. 이런 의미에서 보면 사람을 대하는 태도가 어쩌면 복을 대하는 방식이 아닐까 싶다.

다음에, 언젠가, 나중에….

'하고 싶은 일에는 방법이 보이고, 하기 싫은 일에는 변명이 보인다'라는 말이 있다. 언뜻 진부하게 들릴 수 있지만, 현실을 정확하게 반영한 표현임은 분명하다. 실제로 그렇다. 반드시 이루겠다고 마음 먹은 사람은 눈앞의 모든 풍경을 '지형'으로 읽는다. 길이 없으면 방향을 다시 잡고, 지도가 낡았으면 스스로 새로운 경로를 새긴다.

반면, 시도조차 해보기 전에 '할 수 없다'라고 단정하는 사람은 눈앞의 풍경을 지형이 아닌 방해물로 받아들인다. 작은 골짜기에도 쉽게 멈춰 서며, 도움의 손길조차 외면한 채 고립을 택하기도 한다.

이처럼 삶은 끝없는 선택의 연속이다. 그리고 그 선택의 방향을 결정짓는 갈림길은 언제나 밖이 아니라 내 안에서 시작된다. 가능성이라는 이름의 문을 열고 앞으로 나아가는 것도, 체념이라는 이름의 문을 닫고 멈춰 서는 것도 결국은 나 자신이라는 말이다.

마산역 앞에서 약국을 운영하던 어느 날, 메가스터디 손주은 회장으로부터 학원 사업에 도전해 보지 않겠냐는 제안을 받았다. 깊은 고민 끝에 새로운 기회의 땅에 발을 디뎌보기로 했다. 그 결정의 이면에는 의약분업이라는 거대한 변화의 물결이 자리하고 있었다.

의약분업 이전, 약사는 동네 주치의와 같은 존재였고 약국은 그야말로 1차 진료소와 다름없었다. 상담과 진단은 물론 조제와 판매까지 모두 약사의 손끝에서 이루어졌기에, 약국은 전문성과 실용성을 두루 갖춘 생활밀착형 의료 현장으로 기능할 수 있었다.

하지만 의약분업 논란이 본격화하면서 그 판이 송두리째 흔들리기 시작했다. 약사는 진단이나 전문의약품 권유 같은 1차 의료행위에서 배제되었고, 약국은 단순히 처방전에 따라 약을 조제하는 장소로 그 역할이 축소되었다. 예전 방식으로는 더 이상 생존이 어렵다는 강한 위기감이 몰려왔다.

산업의 본질을 뒤흔드는 이 거대한 변화의 파도를 어떻게 헤쳐 나갈 것인가, 고민에 빠져 있던 그때 손주은 회장의 제안을 받게 된 것이다. 약국에서 학원으로, 의료에서 교육으로 인생의 궤도를 전면 수정하는 대장정의 서막이 열린 순간이었다.

본격적으로 학원 사업을 배우기 위해 매주 마산과 서울을 오가는 이중생활을 시작했다. 2년 동안 새마을호에만 200번 넘게 몸을 실었고, 이후 3년간은 비행기를 300번 넘게 타며 하늘길을 누볐다. 연평균 100회 이상 두 도시를 오간 셈이다.

매주 5년 동안 공항과 기차역을 오가다 보면 종종 낯익은 얼굴들과 마주하게 된다. 그런데 매번 마주치는 사람들은 달랐지만, 신기하게도 그들이 건네는 인사는 비슷했다.

"아이고마 약사님, 작년에도 뵌 것 같은데 아직도 매주 서울을 다니시는교? 참으로 대단타… 힘들지 않습니꺼?"

"힘들 게 뭐 있겠는교? 이것도 오래 하다 보니 요령이 생겨가 이젠 익숙해졌습니더."

무거운 이삿짐을 혼자 나르는 사람에게 '힘들지 않으냐'라고 물으면, 십중팔구 '힘이 아니라 요령으로 드는 것'이라는 대답이 돌아온다. 틀린 말이 아니다.

아무리 힘들고 벅찬 일도 꾸준히 반복하다 보면 어느 순간 익숙해지고 요령이 생긴다. 처음보다 몸과 마음이 한결 가벼워지는 순간이 찾아온다. 이런 요령은 어떤 상황에서도 마음의 여유를 잃지 않게 해주는, 일종의 마법 같은 힘을 발휘한다. 나 역시 그랬다.

서울에서 볼일을 끝내고 마산으로 돌아오는 길, 기차가 대구역에 도착할 즈음이면 객실 여기저기서 어김없는 탄식이 흘러나왔다.

"아이고마, 징그럽다. 아직도 대구가?"

서울에서 마산까지 왕복 10시간, KTX도 없던 시절이다. 객실에서 이와 비슷한 탄식이 들려올 때마다 "그러게 말입니더, 벌써 대구 아인교"라고 웃으며 맞장구를 쳤다. 그러곤 기차에서 간단히 업무를 정리한 뒤 영어책을 읽거나 신문을 넘기다 보면, 마산 도착까지 남은 한 시간 반은 순식간에 지나갔다.

그렇게 3~4년을 묵묵히 오가다 보니, 자연스레 학원 산업의 흐름도 눈에 들어오기 시작했다. 두 도시를 오가느라 몸과 마음은 분주했지만, 그사이 내 시야는 서울과 마산의 거리만큼이나 넓어져 있었다.

만약 나도 '아직 대구밖에 안 왔네'라고 생각했다면, 그 지난한 여정을 견디기 쉽지 않았을 것이다. 하지만 '벌써 대구까지 왔다'라는 마음가짐 덕분에 긴 시간 두 도시를 드나들 수 있었고, 이는 결국 메가스터디 엠베스트 CEO라는 자리까지 나를 이끌었다.

작심삼일을 반복하라

나무 아래에서 열매가 떨어지길 기다리기보다, 직접 가지 위로 올라가면 더 크고 탐스러운 과실을 얻을 수 있다는 사실을 모르는 이는 없다. 그럼에도 대부분은 머리 위, 손만 뻗으면 닿는 익숙한 성과에 만족하려 든다. 바로 눈앞에 사다리가 있어도 마찬가지다. 나무

위에 오르는 일은 번거롭고 귀찮으며 무엇보다 조금은 두렵기 때문이다. 너무 많은 것을 쉬지 않고 거둔 탓일까. 손 닿는 곳에는 더 이상 남은 열매가 없다. 그제야 위기를 느낀 사람들은 '이대로는 안 된다. 내일은 꼭 나무 위로 올라가야지'라고 다짐한다.

하지만 막상 해가 밝으면 또다시 까치발만 세운 채 "내일 하지, 뭐…"라고 중얼거린다. 그렇게 또 하루 같은 자리에 머문다. 생각과 행동 사이엔 언제나 이러한 간극이 존재한다. 실제로 몰라서가 아니라 알면서도 움직이지 않아서 생기는 문제가 훨씬 더 많다.

'마음만 먹으면 못 할 일이 없다'고들 하지만 정작 그 마음부터가 뜻대로 되지 않는다. 아무리 굳은 의지를 다져도 결심은 쉽게 흔들리고 다짐은 이내 흐려진다. 핑계는 점점 그럴듯해지고 미루는 법만 늘어난다. 이것이 바로 우리가 매일 작심삼일 해야 하는 이유다. 결심은 누구나 할 수 있지만 결과는 결국 오늘 움직인 사람의 몫이 될 수밖에 없다.

고등학교 3학년 때의 일이다. 원하는 대학에 진학하려면 바닥을 치고 있던 성적을 어떻게든 끌어올려야 했다. 매일 밤 '공부에 집중하자'라고 굳게 결심했지만, 이상할 만큼 그 의지는 오래가지 않았다. 흔들리는 정신을 붙잡기 위해 극단의 방법을 택했다. 매주 일요일, 물 한 모금 마시지 않는 '금식일'로 정한 것이다. 한 끼만 굶어도 하늘이 노래질 만큼 허약한 체질이었지만, 무너지는 의지를 되살리기 위해선 그만한 각성이 필요했다.

그렇게 매주 일요일 금식을 하며, 한 주 동안 미진했던 부분을 돌아보고 새롭게 각오를 다졌다. 놀랍게도 이 과정을 거치면 처음 마음먹었을 때처럼 다시 공부에 몰두할 수 있었다. 하지만 목요일이 되면 어김없이 집중력은 흐트러지고 생각은 엉뚱한 곳을 찾아 헤맸다. 말 그대로 작심삼일이 시작되는 순간이다.

흔들리는 마음을 억지로 붙잡고 울며 겨자 먹기로 금요일과 토요일을 버텨냈다. 그리고 기다리던 일요일이 되면 다시 금식을 통해 초심을 되찾는 의식에 들어갔다. 그렇게 매주 반복된 작심삼일이 50번쯤 이어졌을 무렵, 마침내 만족스러운 성적으로 원하는 대학에 합격할 수 있었다.

그러니 의지가 약하다고 해서 자신을 쉽게 포기하지 마라. 작심삼일도 괜찮다. 단 3일만 해도, 아무것도 하지 않은 오늘보다 낫다. 그 3일을 50번 반복하면 150일, 100번 반복하면 300일이 된다. 인생의 방향을 바꾸기에 충분한 시간이다. 단, 오늘 할 일을 내일로 미루지만 않는다면 말이다.

만물이 소생하는 봄, 새싹을 돋우지 않고 꽃을 피우지 않는 나무를 본 적 있는가? 만약 그렇다면, 그 나무는 이미 고사했을 가능성이 크다. 특히 꽃을 피워야 할 시기를 놓친 나무는 열매를 맺지 못한다. 한마디로 내일이 없는 존재가 되는 것이다. 그래서 자연의 품 안에 있는 모든 생명은 '지금'이라는 시간을 살아낸다. 오늘 피워야 할 꽃을 내일로 미루지 않고, 주어진 시간 안에서 자기 몫을 다한다. 단 하나, 예외가 있다. 바로 인간이다.

인간만이 유일하게 미래를 걱정하느라 현재를 불안으로 채우고, 이미 지나간 과거를 붙잡느라 지금 이 순간을 흘려보낸다. '오늘 못 하면 내일 하면 되지' '아직 준비가 끝나지 않았어' '때가 되면 하겠지'라는 핑계로 오늘을 미루고, '그때 그랬으면 좋았을 텐데' '그 좋은 기회를 왜 놓쳤을까?'라며 끝없이 어제를 후회한다.

오늘을 살지 못하는 사람은 내일도 살 수 없다. '지금'이라는 계절을 온전히 살아낼 수 있을 때, 비로소 인생이라는 나무에 꽃이 피고 열매가 맺히는 것이다.

한 명의 회원으로 시작한 엠베스트

위기가 닥칠 때마다 나는 오히려 마음을 다잡고, 내실을 다지는 계기로 삼았다. 돌아보면 그런 순간들이야말로 성공의 열쇠를 발견했던 시기였고, 미래를 준비할 수 있는 소중한 시간이었다. 잘나가던 메가스터디 부사장직을 내려놓고 책상 두 개로 엠베스트를 시작할 때도 그랬다. 말 그대로 백지 위에 밑그림을 다시 그려야 하는 상황, 유일한 희망은 모기업의 브랜드 인지도를 어느 정도 활용할 수 있다는 점뿐이다.

하지만 그 기대는 생각보다 빨리 벽에 부딪혔다. 성공 가능성이 불투명한 신규 자회사에 모기업의 브랜드명을 사용하는 건 리스크가 크다는 내부 우려가 나왔고, 설상가상으로 사업의 성패를 좌우할 핵심 강사 지원도 받을 수 없게 되었다. 가장 중요한 사업 기반을 잃고 나니 눈앞이 캄캄했다. 이제부터는 오롯이 나 혼자, 다시 처음부터 모든 것을 쌓아 올려야만 한다.

무에서 유를 만드는 법

'도대체 어디서부터 길을 찾아야 하나…' 막막하고 절박했다. '최선이 아니면 차선이라도' 하는 심정으로 모기업에 부탁, 입사 보류된 지원자의 연락처를 건네받았다. 무턱대고 그녀에게 전화를 걸어 '중등부 온라인 학습 사이트를 만들 생각인데, 함께해보지 않겠느냐'라고 물었다. 아무것도 없는, 말 그대로 제로에서 시작해야 했지만 그녀는 주저함 없이 흔쾌히 응해주었다.

엠베스트의 시작을 함께 열고, 성장의 중심에 서 있던 그녀는 지금도 여전히 총괄 본부장으로 그 여정을 이어가고 있다. 쉽지 않은 길을 묵묵히 걸어준 김유경 본부장에게 이 자리를 빌려 다시 한번 깊은 감사의 마음을 전한다.

강사진 역시 중등부 경험이 풍부한 강사 한 명을 시작으로, 모기업에 지원했다가 입사가 보류된 몇몇 인재를 엄선해 팀을 꾸렸다. 강사의 품질이 곧 회사의 품질이라는 믿음 아래 선발 과정은 더욱 철저하고 세심하게 진행했다.

매일이 숙제였고 하루하루가 고비였다. 쉴 새 없이 몰아치는 과제들을 하나하나 헤쳐 나간 끝에 마침내 사이트를 오픈할 수 있었다. 산 넘어 산이라더니, 이번에는 회원 모집이 문제였다.

'엠베스트라는 이름조차 들어본 적 없는 사람들에게, 어떻게 우리의 존재를 알릴 것인가?' 깊고도 절박한 고민이 이어졌다. 이전까지의 문제들은 죽이 되든 밥이 되든 내 손으로 풀어낼 수 있었지만 회원 모집은 다르다. 개인의 의지와 노력만으로 넘을 수 없는 거대한 벽과 같다. 사이트 오픈 이후 처음 마주한, 가장 현실적이고도 막막한 난관이었다.

그때 누군가가 '회원 확보를 위해 다른 회사의 신상정보를 활용하면 어떻겠느냐'라는 제안을 내놨다. 고민할 겨를도 없이 단호히 고개를 저었다. 명백한 불법이기 때문이다. 아무리 어려워도 옳지 않은 지름길을 택할 수는 없다. 언제나 그렇듯, 정공법으로 이 난관을 헤쳐나갈 것이다.

우선 모기업 설문조사에 응답한 학부모 가운데 중학생 자녀를 둔 400명을 선별, 학습 자료를 우편으로 발송했다. 동시에 전 조직원에게 '혹시 주변에 중학생이 있으면 사이트를 꼭 소개해달라'며 적극적인 참여와 도움을 요청했다.

2003년 5월, 친구의 딸아이가 첫 번째 수강생으로 등록했다. 비록 단 한 명에 불과한 회원이었지만 앞으로 엠베스트라는 나무를 성장시킬 엄청난 씨앗이다. 나는 이미 그 작은 씨앗 하나가 수백수천의 고객이라는 열매로 돌아오는 것을 수없이 경험한 바 있다. 하지만 작다고 가볍게 여기면 씨앗은 절대 자라지 않는다. 적다고 소홀히 하면 그 싹은 끝내 뿌리를 내리지 못한다. 그렇다면 무엇이 그 작은 씨앗을 틔우는가? 답은 하나다. 정성과 진심이다.

그래서 3만 원을 내고 수업을 듣는 수강생에게 문제가 생기면, 5만 원을 들여 애프터 서비스를 제공했다. 출장비가 수강료를 훌쩍 넘겨도 계산기를 두드리거나 손익을 따진 적이 없다. 오직 그 진심만이 회사를 키우는 길이라 믿었다.

상담 직원들에게도 항상 '고객 한 사람 한 사람에게 최선을 다하라'라고 강조했다. 전화 상담 시간도 제약을 두지 않고, 문제가 완전히 해결될 때까지 고객과 함께하는 것을 원칙으로 세웠다.

일반적으로 현장에서는 상담 직원 1인당 하루 몇 건의 통화량을 확보해야 인건비 대비 손익분기점을 맞출 수 있다는 산출 공식이 존재한다. 하지만 내 생각은 조금 다르다. 고객의 불만을 말끔히 해소할 수만 있다면, 상담 직원이 온종일 한 명의 고객과 통화해도 괜찮다. 진심 어린 서비스를 경험한 그 한 사람이, 우리에게 가장 큰 자산이 될 것임을 믿어 의심치 않는다.

이에 우리는 단순히 문제를 '해결하는 것'에 머무르는 법이 없다. 고객이 진심으로 감동할 수 있는 경험을 제공하기 위해 언제나 한 걸음 더 나아가고자 노력한다. 다소 의아하게 들리겠지만 그 출발점은 바로 약속을 지키는 것이다. 물론 누군가는 '약속을 지키는 것은 너무도 당연한 일이 아니냐'라고 반문할 수 있다. 맞는 말이다. 그러나 여기서 말하는 약속은 어디까지나 '최소한의 기준'에 불과하다. 고객이나 구성원에게 제공해야 할 기본 중의 기본일 뿐이다.

고객의 마음을 움직이기 위해서는 이 최소한의 기준 위에 '플러스알파'를 더해야 한다. 금전적 혜택이든, 두 배의 친절이든, 예상치 못한 추가 서비스든 그 무엇이라도 좋다. 고객의 기대를 뛰어넘는 만족을 제공하는 것, 바로 그것이 내가 추구하는 진정한 목표다. 결국 엠베스트를 차별화하는 것은 규모와 자본이 아닌 남과 다른 태도인 셈이다.

이러한 철학을 바탕으로 사업이 확장되면서 함께하는 구성원들도 하나둘 늘어났다. 조직이 커질수록 이들을 책임져야 한다는 막중한 부담감이 어깨를 짓눌렀다. 불안한 내일에 밤잠을 설치는 날도 많았지만, 구성원들 앞에서는 언제나 웃음을 잃지 않으려 애를 썼다.

특히 사업 초기에는 리더의 에너지가 중요하다. 리더가 내뿜는 긍정의 힘이 조직 전체를 지탱하는 기둥이 되기도 한다. 그래서 나는 작은 성과에도 함께 기뻐하고, 사소한 일에도 진심으로 칭찬하며 조직의 활력을 북돋우려 노력했다.

진심이 통했던 것일까. 구성원들도 점점 자기 일처럼 책임감을 가지고 마음을 다해 뛰기 시작했다. 경영자와 조직원이 한마음 한뜻으로 달리면 세상 두려울 게 없다. 그리고 그 '결속의 힘'은 매출이라는 눈에 보이는 성과로 증명된다. 수익이 발생할 때마다 우리는 망설임 없이 서비스 혁신과 품질 향상에 재투자하며 성장을 가속화했다. 고객에게 '기대 이상'이라는 한마디를 듣기 위해 달리고 또 달렸다.

그 결과, 친구의 딸 한 명으로 시작했던 엠베스트는 불과 4년 만에 27만 명이 넘는 회원을 가진 사이트로 성장했다. 4.5평 좁은 약국에서 배운 섬김의 비즈니스가 온라인이라는 새로운 환경에서도 고스란히 적용된 것이다. 환경은 바뀌었지만, 사람을 향한 진심은 그대로였기에 가능한 일이었다.

사랑의 입학식

중학교 진학을 앞두었을 때의 일이다. 새 교복, 새 가방, 새 운동화로 한껏 들뜬 친구들 사이에서 색깔과 재질이 다른 값싼 교복을 입고 입학식을 치러야 했다. 칼날처럼 반듯하게 주름 잡힌 친구들의 교복과 초라한 내 교복을 번갈아 바라보며 느꼈던 서글픔은 이루 말할 수 없다. 새 학기의 설렘은커녕 잔뜩 위축되었던 기억이 아직도 또렷하다.

대학생이 된 뒤 등록금과 생활비를 마련하기 위해 가정교사 일을 시작했다. 당시 과외를 맡았던 학생의 집은 부유층이 밀집한 서울 성북동에 자리하고 있었다. 높은 담벼락이 위용을 자랑하는 궁궐 같은 저택들 사이를 걷다 보면, 조그맣고 초라한 내 자취방이 떠올라 괜스레 마음이 울적해지기도 했다.

그럼에도 처지를 비관하거나 좌절한 적은 없었다. 그저 '저 사람들이 부자가 된 데는 분명한 이유가 있겠지. 나도 언젠가 꼭 저 자리에 설 수 있을 거야'라고 다짐하듯 되뇌었을 뿐이다.

이처럼 내가 비로소 '할 수 있다'라는 가능성을 믿게 된 건 성인이 된 뒤였다. 청소년 시절에는 나 역시 작은 차이에도 쉽게 상처받고 비교의 그림자 속에 움츠러들곤 했다.

학원 사업을 하다 보면, 어려운 형편에 처한 학생들의 사연을 자주 접하게 된다. 불우한 환경에 주저앉은 아이들을 마주할 때마다, 같은 상처를 겪어본 사람으로서 마음 한켠이 저릿해진다.

초라했던 입학식의 기억이 남아서일까. 모두가 새롭게 시작하는 그날만큼이라도 아이들이 동등한 출발선에 서길 바랐다. 나처럼 설렘 없이 시작하는 날이 아니라, 희망으로 가득한 하루를 선물해 주고 싶었다. 이에 '큰사람 실천 캠페인'의 일환으로 '사랑의 입학식'이라는 행사를 진행하고 있다.

올해는 지방자치단체와 몇 학교의 추천을 받아 총 50명의 예비 중학생을 선정한 후 입학에 필요한 학용품과 책가방, 교복 상품권을 선물했다. 또한 사교육의 기회조차 얻기 어려운 학생들을 위해, 메가스터디 엠베스트의 모든 강좌를 자유롭게 수강할 수 있도록 문을 열어 놓았다. 특히 올해는 캠페인의 취지에 공감한 기업들의 참여가 많아, 어느 해보다 풍성하고 따뜻한 입학식을 치를 수 있었다. 참으로 감사한 일이 아닐 수 없다.

얼마 전, 이 행사를 통해 입학식을 치른 한 학생으로부터 천 마리의 종이학과 함께 감사의 마음이 담긴 편지 한 통이 도착했다. 순간 약국을 경영하던 때가 떠올랐다. 그 아이 또한 그 시절의 나처럼 자신이 전할 수 있는 최대한의 진심을 종이학 한 마리 한 마리에 실어 보냈을 것이다.

비록 올해는 50명의 학생과 사랑을 나눴지만 내년에는 500명, 다음 해에는 5,000명⋯ 그렇게 더 많은 아이가 '사랑의 입학식'을 통해 세상과 따뜻하게 만날 수 있기를 바란다. 그리고 그 마음속 온기가 삶의 고비마다 든든한 버팀목이 되어 주기를 진심으로 기원한다.

성적, 외모, 형편도 물론 중요하다. 하지만 그보다 더 근본적인 힘은 '자신을 믿는 긍정의 마음'에서 시작된다. 스스로를 신뢰하는 마음은 그 어떤 폭풍 속에서도 흔들리지 않는 깊은 뿌리가 되며, 두려움을 돌파하는 내면의 원동력이 된다. 그 믿음이 마음속 깊이 자리 잡을 때 비로소 주저앉았던 날개는 다시 힘을 얻고, 더 넓은 세상을 향해 힘차게 날아오를 수 있다.

오병이어의 기적

초등학교 4학년, 소풍 전날의 일로 기억된다. 당시 아이들에게 소풍은 단순한 나들이가 아니라, 1년에 몇 없는 큰 행사이자 특별한 이벤트였다. 설레는 마음으로 소풍 가방을 정리하고 있는데, 어머니께서 말씀하셨다.

"내일 가서 먹을 빵 좀 사 온나."

주섬주섬 옷을 챙겨 입고 막 집을 나서려던 순간, 어머니께서 뜻밖의 부탁을 하셨다. 집 앞에도 가게가 많은데, 굳이 걸어서 30분이나 걸리는 빵집으로 다녀오라는 것이다. 도무지 이해되지 않아 멈춰 선 나를 보며, 어머니는 빙그레 웃으며 말씀하셨다.

"성오야, 엄니가 평소 억수로 친하게 지내는 분이 있다 아이가. 근데 니도 잘 알다시피 우리 형편에 은제 빵을 사 먹것노. 이럴 때라도 이용해 줘야지. 안 그러나?"

그제야 어머니의 뜻을 이해한 나는 고개를 끄덕인 후 가벼운 발걸음으로 집을 나섰다.

한참을 걸어 도착한 가게, 주인아주머니에게 인사를 드린 뒤 '소풍에 가져갈 빵을 사러 왔다'라고 말씀드렸다. 그러자 아주머니는 한 치의 망설임도 없이 보자기 한가득 빵을 담아주셨다. 한눈에 보기에도 너무 많은 양이었다.

"아지매요, 너무 많다 아닙니꺼….”

"괘안타. 가서 식구들캉 친구들캉 나눠 묵으라.”

빵이 가득 담긴 보자기를 안고 집으로 돌아오는 길, 가슴 깊은 곳에서 감사함이 복받쳐 올랐다. 너 나 할 것 없이 굶주리고, 너 나 할 것 없이 헐벗었던 시절이다. 그럼에도 남을 먼저 생각하는 어머니의 따뜻한 마음과, 그 마음에 '배려'라는 이자를 더해준 아주머니의 정성이 참으로 고맙게 느껴졌다. 비록 어린 나이였지만 '나도 아주머니처럼, 베풀 줄 아는 사람이 되어야겠다'라는 다짐이 조용히 자리 잡은 순간이기도 했다.

그로부터 15년 후, 코흘리개 어린아이는 성인이 되었고 한 보따리의 빵을 건네주던 인상 좋은 아주머니는 머리 위에 하얀 서리가 내려앉은 노인이 되었다. 어릴 적 내가 빵을 사러 아주머니를 찾았듯, 이제는 그녀가 약을 사러 나를 찾아온다. 천식과 신경통으로 늘 고생하시던 분이라, 좋은 약이 들어오면 가장 먼저 떠오르는 얼굴의 주인공이기도 하다.

어머니 같은 분이기에 아무런 대가 없이 약을 건넬 때가 많다. 그럴 때마다, 아주머니는 커다란 빵 보따리에 놀라 손사래 치던 어린 나처럼, "그러면 안 되지"라며 미안해하셨다. 하지만 그 시절 내가 느꼈던 따뜻함과 그 마음이 내 인생에 남긴 흔적에 비하면, 정말 작고 소박한 보답에 불과하다.

아주머니와 같은 분들이 계셨기에 나는 배려의 빵으로 힘을 얻었고, 나눔의 빵으로 세상을 배웠으며, 무엇보다 희망의 빵을 품은 사람이 될 수 있었다.

이는 마치 예수께서 두 마리의 물고기와 다섯 개의 빵으로 오천 명을 먹이신 오병이어五다섯 오, 餠떡 병, 二둘 이, 魚물고기 어의 기적을 떠올리게 한다. 시간이 흐르면서 아주머니가 건넨 빵은 이자에 이자를 더하듯 점점 불어났고, 마침내 많은 이와 함께 나눌 수 있는 희망이 되었기 때문이다. 빵을 나누려는 사람이 많아질수록 그 혜택을 받는 이들 또한 늘어날 것이다. 그리고 그 혜택을 입은 이들이 다시 누군가에게 손을 내민다면 나눔의 선순환은 자연스럽게 이어질 것이다.

이러한 믿음 아래, 우리는 2004년부터 온오프라인을 통해 '큰사람 실천 캠페인'을 꾸준히 이어오고 있다. 회원들에게 현금처럼 사용할 수 있는 포인트 기부를 안내하고, 그에 따라 모인 기부금은 불우 청소년들에게 장학금으로 전달한다.

또한 매 학기, 수강생들이 맹아학교나 양로원 등의 봉사활동에 참여할 수 있도록 지원하고 있다. 빠듯한 학업 일정 속에서도 봉사를 위해 먼 길을 마다하지 않고 달려오는 학생들을 보면, 참으로 대견하고 고맙다.

'요즘 애들이 다 그렇지' '공부할 시간도 없는데 무슨 봉사야'라는 어른들의 편견을 보란 듯 뛰어넘고, 자신보다 더 어려운 이들을 보살피며 구슬땀을 흘리는 아이들의 모습은 그 자체로 감동이고, 세상을 밝히는 희망이다.

나는 사이트 오픈 초기부터, '사람됨'을 강조해 왔다. 이를 두고 주변에서는 공교육도 아닌 사교육에서 무슨 인성 교육을 하느냐고 묻는다. 돈이 되는 일도 아닌데 왜 그렇게 열을 올리느냐며 의아해하기도 한다. 하지만 엠베스트에는 머지않아 사회의 중심이 될 아이들이 모여있다. 그런 이들에게 성적이나 물질적인 풍요만이 인생의 전부가 아니라는 사실을 일깨우는 것은 큰 의미가 있다.

그저 공부만 잘하는 사람은 시야가 좁고, 주위를 돌아볼 여유가 없다. 좁은 시야로 세상을 바라보면 신뢰보다 이익을 먼저 선택하는 불상사가 벌어진다. 이는 지성과 인성을 균형 있게 겸비한 '큰 사람'으로 성장하는 데 적지 않은 걸림돌이 된다. 제 행동에 책임지지 않는 지식, 제대로 된 가치관이 뒷받침되지 않는 얄팍한 학습은 오히려 자신을 위태롭게 만들 수 있다. 이런 관점에서 보면 결국 교육이란, '무엇을 아는가'보다 '어떻게 살아갈 것인가'를 함께 묻고, 같이 고민하는 일이 아닐까 싶다.

그래서 나는 오늘도 손꼽아 기다린다. 엠베스트를 거쳐 간 다양한 인재들이 대한민국은 물론, 세계 무대에서 당당히 자기 자리를 찾아가는 그날을. 겸손과 양보의 가치를 알고 나눔을 실천할 줄 아는 그들이 더 나은 세상을 만들어 가기를, 진심을 다해 응원하고 있다.

사교육비 없는 세상을 꿈꾸며

언제나 그렇듯, 우리 사이트를 찾아준 학생과 학부모는 단순한 고객이 아니라 귀한 인연이자 은인이다. 그래서 나는 지금도 단지 가입자 수가 늘어나는 것보다 회원 한 사람 한 사람이 진심으로 잘되기를 바라는 마음이 훨씬 크다.

학생이 잘되려면 일단 제대로 성장해야 한다. 그 성장은 누가 뭐래도 단단한 학습 습관을 형성하는 데서 시작된다. 실제로 자기주도학습에 익숙한 우등생들을 보면, 공부를 별도의 과업으로 여기지 않는다. 잠을 자고, 밥을 먹는 것처럼 공부 또한 일상의 한 부분으로 받아들인다. 이는 '학습 계획을 스스로 세우고 실행하는 힘'이 뒷받침되기에 가능한 일이다.

그런데 이러한 힘은 타고나는 것이 아니라, 반복된 경험과 올바른 지도를 통해 길러지는 후천적 역량에 가깝다. 본격적인 학습이 시작되는 중학교 시기 다져진 공부 습관이, 학업은 물론 삶을 대하는 태도에도 적잖은 영향을 미친다.

이에 우리는 오프라인 학원에서나 가능했던 출결 관리, 학습 상담, 진도 체크 등을 1:1로 지원하는 시스템을 구축했다. 온라인의 장점인 최고 수준의 강사진을 기용하는 동시에 오프라인 학원의 핵심인 담임교사 제도를 그대로 도입한 것이다.

수강생이 동영상 강의에 접속하면 시청 시간은 초·분·시간 단위로 정밀하게 기록되며, 진도 현황은 정기적으로 각 가정에 안내된다. 또한 강의 시작 30분 전에는 문자 알림이 전송되고, 강의 중에는 메신저 차단 기능을 통해 집중을 돕는다. 이처럼 우리는 오프라인보다 더 체계적인 학습 관리 시스템을 구축하기 위해 끊임없이 고민하고 있다.

혹자는 '이렇게까지 하는 이유가 무엇이냐'라고 묻는다. 답은 단순하다. 우리가 지향하는 온라인 교육의 본질은 '혼자 공부하는 교육'이 아니라 '함께 성장하는 교육'에 있기 때문이다.

대한민국의 많은 가정이 사교육비의 무게에 허덕이고 있다. 어떤 부모는 아이의 학원비를 감당하기 위해 야간 아르바이트를 뛰고, 또 다른 부모는 '그래도 교육만큼은 포기할 수 없다'라는 마음으로 생활비를 줄인다. 이대로는 안 된다. 가정 경제를 위협하는 사교육비는 반드시 바로잡아야 할 문제다.

높은 교육열을 문제 삼으려는 게 아니다. 우리나라가 짧은 시간에 이만큼 성장할 수 있었던 건 자식을 잘 키우고자 하는 부모의 간절한 바람, 그 치열한 교육열 덕분이었음을 누구보다 잘 안다. 문제는 교육에 대한 열정이 아니라, 그 열정이 닿지 못하는 구조에 있다.

다행히 기술의 발달로, 과도한 비용 없이 양질의 교육을 받을 수 있는 길이 열렸다. 특히 온라인 교육은 배움의 문턱을 낮추고 빈부 격차를 좁히며, 지역과 계층의 벽을 허무는 기회를 제공한다. 배움의 의지만 있으면, 누구나 내 집 안방에서 최고의 강사를 만날 수 있는 시대가 펼쳐진 셈이다.

   나의 목표는 하나다. '대한민국의 모든 학생이, 최고의 강사진에게서 최고의 교육을 받을 수 있는 환경을 만드는 것.' 누구나 합리적인 비용으로 양질의 교육을 누릴 수 있는 그날이 올 때까지, 나는 걸음을 멈추지 않을 것이다.

에필로그

내가 바라본 김성오 대표

김유경 메가스터디 엠베스트 본부장

    사회생활 15년 차. 결코 짧지 않은 시간을 통해 수많은 사람을 만나왔지만, 김성오 대표만큼 인상 깊은 사람은 드물다. '창의적인 삶을 살아라' '발상의 전환이 필요하다'라는 말을 단순한 외침이 아닌 삶의 방식으로 실천하고 있는 사람은 정말이지 그가 처음이었다.
    그가 일상에서 이끌어내는 발상의 전환을 보고 있노라면, 아무것도 아닌 듯한 작은 차이가 얼마나 다른 결과를 만들어내는지 놀라울 따름이다.

    무엇보다 김성오 대표의 경영 기법은 타의 추종을 불허할 만큼 독창적이다. 하지만 그를 냉철한 사업가로만 본다면 이보다 큰 오산도 없다. 그의 진짜 매력은 철저한 도덕성에서 비롯되기 때문이다.

특히 열정과 긍정을 바탕으로 '순리를 따르는 힘'은, 그 자신은 물론 주변 사람에게까지 전파되어 '할 수 있다' '하면 된다'라는 믿음을 심어준다. 리더십의 진가가 발휘되는 순간이다.

그는 대담한 동시에 매우 세심하고 정교한 사람이다. 현실적으로 불가능해 보이는 비전을 제시하면서도, 태도엔 단 한 치의 흔들림이 없다. 초기 구성원들은 '이게 가능한 비전인가?' 하는 의구심을 품기도 했지만, 어느새 우리는 그가 꿈꾸던 방향으로 한 걸음씩 다가가고 있음을 느낀다.

더욱 놀라운 점은 그 과정이 일방적인 지시나 명령이 아닌, 인간미 넘치는 따뜻한 카리스마로 이루어진다는 데 있다. 조직원 한 사람 한 사람에게 구체적인 방향을 제시해 주기에 가능한 일이다.

회사가 해마다 두 배씩 고속 성장을 이어가는 과정에서, 구성원들의 희생은 필수적이다. 사생활을 내려놓아야 할 때도 있고, 체력과 감정의 한계에 부딪혀 포기하고 싶은 순간도 있다. 그런 고비마다 김성오 대표 특유의 섬세함은 빛을 발한다.

일례로 150여 명에 이르는 직원 개개인의 가정사를 꼼꼼히 챙기는 것은 물론, 사내 커플에게는 슬며시 데이트 비용을 건네며 응원을 아끼지 않는 센스도 있다. 그래서일까. 직접 그를 만나 본 사람들은 성공 스토리보다, 수수한 옆집 아저씨 같은 인간미에 더 많은 매력을 느끼기도 한다.

김성오 대표는 이 책을 통해 평범한 사람도 노력 여하에 따라 얼마든지 성공할 수 있다는 메시지를 전한다. 자신이 오랜 시간 현장에서 체득한 경영 노하우를 아낌없이 풀어놓으며, 오늘과는 다른 내일을 꿈꾸는 이들에게 현실적인 비전과 방향을 제시한다.

또한, 그는 사업적 성공만큼이나 나누고 베푸는 삶을 중요하게 생각하는 사람이다. 김성오 대표가 사업을 통해 이루고자 하는 궁극적인 목표가 '나눔의 선순환'이라는 점만 보더라도, 그가 언제나 이익보다 사람을 먼저 생각해 왔음을 쉽게 짐작할 수 있다. 이 책에서 발생하는 모든 수익금 또한 불우청소년 지원 기금으로 사용된다.

살아 숨 쉬는 현장감 가득한 책 속의 사례들이 무의미한 지식으로 머물지 않고, 삶을 움직이는 실천의 힘으로 이어지길 바란다. 단순히 '좋은 이야기'로 소비되는 데 그치지 않고, 작지만 분명한 변화를 일으키는 원동력이 되기를 기대한다. 도덕성을 바탕으로 성공의 역사를 써 내려간 '약사 출신 경영인'의 이 귀한 선물이, 여러분의 인생에 소중한 전환점이 되기를 진심으로 소망한다.

육일약국 갑시다

1판 1쇄 발행 2007년 7월 12일
2판 1쇄 발행 2016년 11월 7일
3판 1쇄 발행 2025년 6월 20일
3판 4쇄 발행 2025년 9월 5일

지은이 김성오
펴낸이 김수연
제작 책과 6펜스

펴낸곳 도서출판 다크호스
출판신고 제2022-000189호
주소 경기도 고양시 일산서구 대산로 123 현대플라자 3층
전화 070-8983-5827
팩스 0504-254-6022
전자우편 dark_2023@naver.com

ⓒ김성오, 2025
ISBN 979-11-980923-9-7 03320

책값은 뒤표지에 있습니다.
잘못된 책은 구입하신 서점에서 교환할 수 있습니다.